Entzündungshemmende Küche

Gesundheit aus dem Kochtopf

Lena Weber

Inhalt

Zutaten für Fleischbällchen-Taco-Bowls: 16

Anweisungen: 17

Avocado-Pesto-Zoodles mit Lachs Portionen: 4 19

Zutaten: 19

Anweisungen: 19

Süßkartoffel, Apfel und Zwiebel mit Kurkumageschmack und Hühnchen 21

Zutaten: 21

Portionen Lachssteak mit gebratenen Kräutern: 4 23

Zutaten: 23

Anweisungen: 23

Portionen Tofu und italienisch gewürztes Sommergemüse: 4 25

Zutaten: 25

Anweisungen: 25

Zutaten für den Erdbeer-Ziegenkäse-Salat: 27

Anweisungen: 27

Portionen Kurkuma-Blumenkohl-Kabeljau-Eintopf: 4 29

Zutaten: 29

Anweisungen: 30

Walnuss- und Spargel-Delikatessen: 4 31

Zutaten: 31

Anweisungen: 31

Zutaten für Zucchini-Pasta Alfredo: 32

Anweisungen: 32

Zutaten für Quinoa-Putenhuhn: 34

Anweisungen: 35

Portionen Knoblauch- und Kürbisnudeln: 4 37

Zutaten: 37

Anweisungen: 38

Gedämpfte Forelle mit roter Bohnen-Chili-Salsa: 1 39

Zutaten: 39

Anweisungen: 40

Portionen Süßkartoffel- und Putensuppe: 4 41

Zutaten: 41

Anweisungen: 42

Portionen gebratener Miso-Lachs: 2 43

Zutaten: 43

Anweisungen: 43

Portionen einfach gebratenes Flockenfilet: 6 45

Zutaten: 45

Anweisungen: 45

Carnitas-Portionen vom Schwein: 10 46

Zutaten: 46

Anweisungen: 47

Weißfischkruste mit Gemüse 48

Portionen: 6 bis 8 48

Zutaten: 48

Anweisungen: 48

Portionen Zitronenspalten: 4 50

Zutaten: 50

Anweisungen: 50

Portionen Limette und Chili-Lachs: 2 51

Zutaten: 51

Anweisungen: 51

Portionen Käse-Thunfisch-Nudeln: 3-4 52

Zutaten: 52

Anweisungen: 52

Portionen Fischstreifen mit Kokoskruste: 4 54

Zutaten: 54

Anweisungen: 55

Portionen mexikanischer Fisch: 2 56

Zutaten: 56

Anweisungen: 56

Forelle mit Gurkensalsa Portionen: 4 58

Zutaten: 58

Zitronen-Zoodles mit Garnelen-Portionen: 4 60

Zutaten: 60

Anweisungen: 60

Knusprige Garnelenportionen: 4 62

Zutaten: 62

Anweisungen: 62

Portionen gebratener Wolfsbarsch: 2 63

Zutaten: 63

Anweisungen: 63

Portionen Lachskuchen: 4 64

Zutaten: 64

Anweisungen: 64

Portionen würziger Kabeljau: 4 65

Zutaten: 65

Anweisungen: 65

Portionen geräucherte Forellenbutter: 2 66

Zutaten: 66

Anweisungen: 66

Thunfisch- und Schalottenportionen: 4 68

Zutaten: 68

Anweisungen: 68

Portionen Garnelen mit Zitronenpfeffer: 2 69

Zutaten: 69

Anweisungen: 69

Portionen heißes Thunfischsteak: 6 70

Zutaten: 70

Anweisungen: 70

Portionen Cajun-Lachs: 2 72

Zutaten: 72

Anweisungen: 72

Quinoa-Lachs-Bowl mit Gemüse 73

Portionen: 4 73

Zutaten: 73

Portionen zerkleinerter Fisch: 4 75

Zutaten: 75

Anweisungen: 75

Portionen einfache Lachssteaks: 4 76

Zutaten: 76

Anweisungen: 77

Portionen Popcorn-Garnelen: 4 78

Zutaten: 78

Anweisungen: 79

Portionen würzig gebackener Fisch: 5 80

Zutaten: 80

Anweisungen: 80

Portionen Paprika-Thunfisch: 4 81

Zutaten: 81

Anweisungen: 81

Fischfrikadellen Portionen: 2 82

Zutaten: 82

Anweisungen: 82

Gebratene Jakobsmuscheln mit Honig in Portionen: 4 83

Zutaten: 83

Anweisungen: 83

Kabeljaufilets mit Shiitake-Pilzen. Portionen: 4 85

Zutaten: 85

Anweisungen: 85

Portionen gebratener weißer Wolfsbarsch: 2 87

Zutaten: 87

Anweisungen: 87

Portionen gebackenes Tomatenpüree: 4-5 88

Zutaten: 88

Anweisungen: 88

Gebratener Schellfisch mit Roter Bete Portionen: 4 90

Zutaten: 90

Herzhafter Thunfischschmelz: 4 92

Zutaten: 92

Anweisungen: 92

Portionen Zitronenlachs und Kaffernlimette: 8 94

Zutaten: 94

Anweisungen: 94

Zarter Lachs in Senfsauce, Portionen: 2 96

Zutaten: 96

Anweisungen: 96

Portionen Krabbensalat: 4 98

Zutaten: 98

Anweisungen: 98

Gebackener Lachs mit Misosauce, Portionen: 4 99

Zutaten: 99

Anweisungen: 99

Mit Kräutern überzogener gebackener Kabeljau mit Honig. Portionen: 2
.... 101

Zutaten: 101

Anweisungen: 101

Portionen Parmesan-Kabeljau-Mischung: 4 103

Zutaten: 103

Anweisungen: 103

Knusprige Knoblauchgarnelenportionen: 4 104

Zutaten: 104

Anweisungen: 104

Portionen cremige Wolfsbarschmischung: 4 105

Zutaten: 105

Anweisungen: 105

Gurken-Ofen-Poke-Portionen: 4 106

Zutaten: 106

Minzige Kabeljau-Mischung, Portionen: 4 108

Zutaten: 108

Anweisungen: 108

Portionen Tilapia mit Zitrone und Sahne: 4 110

Zutaten: 110

Anweisungen: 110

Fisch-Taco-Portionen: 4 112

Zutaten: 112

Anweisungen: 113

Portionen Ingwer-Wolfsbarsch-Mix: 4 114

Zutaten: 114

Anweisungen: 114

Portionen Kokosgarnelen: 4 115

Zutaten: 115

Portionen Schweinefleisch mit Muskatnuss: 4 117

Zutaten: 117

Anweisungen: 117

Zitronenbutter-Garnelenreis-Portionen: 3 119

Zutaten: 119

Anweisungen: 119

Garnelen-Limetten-Teig mit Zucchini und Mais, Portionen: 4 121

Zutaten: 121

Anweisungen: 122

Portionen Blumenkohlsuppe: 10 123

Zutaten: 123

Anweisungen: 123

Portionen Süßkartoffel-Schwarzbohnen-Burger: 6 125

Zutaten:	125
Anweisungen:	126
Portionen Kokos-Pilz-Suppe: 3	129
Zutaten:	129
Anweisungen:	129
Portionen Winterfruchtsalat: 6	131
Zutaten:	131
Anweisungen:	131
Gebratene Hähnchenschenkel für Männer mit Karotten. Portionen: 4	133
Zutaten:	133
Anweisungen:	133
Puten-Chili-Portionen: 8	135
Zutaten:	135
Anweisungen:	136
Linsensuppe mit Gewürzen Portionen: 5	137
Zutaten:	137
Anweisungen:	137
Portionen Knoblauchhähnchen und Gemüse: 4	139
Zutaten:	139
Anweisungen:	139
Portionen Räucherlachssalat: 4	141
Zutaten:	141
Anweisungen:	142
Portionen Bohnen-Shawarma-Salat: 2	143
Zutaten:	143
Anweisungen:	144
Portionen gebratener Reis mit Ananas: 4	145

Zutaten:	145
Anweisungen:	146
Linsensuppenportionen: 2	147
Zutaten:	147
Anweisungen:	148
Köstlicher Thunfischsalat, Portionen: 2	149
Zutaten:	149
Anweisungen:	149
Aioli mit Ei Portionen: 12	151
Zutaten:	151
Anweisungen:	151
Spaghettinudeln mit Kräuter-Pilz-Sauce:	152
Anweisungen:	152
Brauner Reis und Shitake-Miso-Suppe mit Frühlingszwiebeln	155
Zutaten:	155
Gegrillte Meerforelle mit Knoblauch-Petersilien-Sauce	157
Zutaten:	157
Anweisungen:	157
Zusammensetzung der Curry-Blumenkohl-Kichererbsen-Wraps:	159
Anweisungen:	160
Portionen Buchweizennudelsuppe: 4	162
Zutaten:	162
Anweisungen:	163
Einfache Portionen Lachssalat: 1	164
Zutaten:	164
Anweisungen:	164
Portionen Gemüsesuppe: 4	165

Zutaten:	165
Anweisungen:	166
Portionen Zitronen-Knoblauch-Garnelen: 4	168
Zutaten:	168
Anweisungen:	168
Zutaten für Blt-Frühlingsrollen:	169
Rinderbrust mit Blauschimmelkäse, Portionen: 6	171
Zutaten:	171
Anweisungen:	172
Zutaten für kaltes Soba mit Misosauce:	173
Anweisungen:	174
Gebackene Büffelblumenkohlstücke, Portionen: 2	175
Zutaten:	175
Anweisungen:	175
Knoblauchhähnchenbacken mit Basilikum und Tomaten. Portionen: 4	177
Zutaten:	177
Anweisungen:	178
Cremige Kurkuma-Blumenkohl-Suppe, Portionen: 4	179
Zutaten:	179
Anweisungen:	180
Brauner Reis mit Pilzen, Grünkohl und Süßkartoffeln	181
Zutaten:	181
Gebackenes Tilapia-Rezept mit Pekannuss-Rosmarin	183
Zutaten:	183
Portionen Tortilla-Wrap mit schwarzen Bohnen: 2	185
Zutaten:	185
Anweisungen:	185

Weißes Bohnenhuhn mit Wintergrün 186

Zutaten: 186

Anweisungen: 187

Portionen Lachs mit Kräutern gekocht: 2 188

Zutaten: 188

Anweisungen: 188

Griechischer Joghurt-Hühnersalat 190

Zutaten: 190

Anweisungen: 190

Zerkleinerter Kichererbsensalat 191

Zutaten: 191

Anweisungen: 192

Portionen Valencia-Salat: 10 193

Zutaten: 193

Anweisungen: 194

Suppenportionen „Iss dein Gemüse": 4 195

Zutaten: 195

Anweisungen: 196

Portionen Miso-Lachs und grüne Bohnen: 4 197

Zutaten: 197

Anweisungen: 197

Portionen Lauch-, Hühner- und Spinatsuppe: 4 198

Zutaten: 198

Anweisungen: 198

Portionen dunkle Schokoladenbomben: 24 200

Zutaten: 200

Anweisungen: 200

Portionen italienischer gefüllter Paprika: 6	201
Zutaten:	201
Anweisungen:	202
Portionen geräucherte Forelle im Salatmantel: 4	203
Zutaten:	203
Anweisungen:	204
Zutaten für den Teufels-Eier-Salat:	205
Anweisungen:	205
Gebackenes Sesam-Tamari-Hähnchen mit grünen Bohnen	207
Zutaten:	207
Anweisungen:	207
Portionen Ingwer-Hühnereintopf: 6	209
Zutaten:	209
Anweisungen:	210
Zutaten für cremigen Garbano-Salat:	211
Anweisungen:	212
Karottennudeln mit Ingwer-Limetten-Erdnusssauce	214
Zutaten:	214
Anweisungen:	215
Gebratenes Gemüse mit Süßkartoffeln und weißen Bohnen	216
Zutaten:	216
Anweisungen:	217
Portionen Kohlsalat: 1	218
Zutaten:	218
Anweisungen:	218
Gekühlte Glasportionen mit Kokosnuss und Haselnuss: 1	220
Zutaten:	220

Anweisungen: 220
Kühle Portionen Kichererbsen und Spinatbohnen: 4 221
Zutaten: 221
Anweisungen: 221
Portionen Taroblätter in Kokossauce: 5 223
Zutaten: 223
Anweisungen: 223
Portionen gerösteter Tofu und Gemüse: 4 224
Zutaten: 224
Anweisungen: 224

Zutaten für Fleischbällchen-Taco-Bowls:

Fleischklößchen:

1 Pfund mageres Rinderhackfleisch (jedes Hackfleisch, wie Schweinefleisch, Truthahn oder Huhn)

1 Ei

1/4 Tasse fein gehackter Grünkohl oder knackige Kräuter wie Petersilie oder Koriander (optional)

1 TL Salz

1/2 TL schwarzer Pfeffer

Taco-Schalen

2 Tassen Enchilada-Sauce (wir verwenden maßgeschneiderte Sauce) 16 Fleischbällchen (zuvor gespeicherte Zutaten)

2 Tassen gekochter Reis, weiß oder dunkel gefärbt

1 Avocado, gehackt

1 Tasse Salsa oder Pico de Gallo aus der Region 1 Tasse geriebener Käse

1 Jalapeno, fein gehackt (optional)

1 Esslöffel Koriander, gehackt

1 Limette, in Scheiben schneiden

Tortillachips zum Servieren

Anweisungen:

1. Zubereitung/Einfrieren

2. In einer großen Schüssel Hackfleisch, Eier, Grünkohl (falls verwendet), Salz und Pfeffer vermengen. Mit den Händen vermischen, bis alles gleichmäßig verfestigt ist.

Formen Sie 16 Fleischbällchen mit einem Durchmesser von etwa 2,5 cm und legen Sie sie auf einen mit Folie ausgelegten Teller.

3. Bei mehrtägiger Verwendung bis zu 2 Tage im Kühlschrank aufbewahren.

4. Stellen Sie den Folienbehälter beim Einfrieren an einen kühlen Ort, bis die Fleischbällchen fest sind. Besorgen Sie sich eine Kühltasche. An einem kühlen Ort sind die Frikadellen 3-4 Monate haltbar.

5. Essen

6. In einem mittelgroßen Topf die Enchiladasauce auf niedriger Stufe köcheln lassen. Fügen Sie die Fleischbällchen hinzu (wenn es Fleischbällchen gäbe, gibt es keinen zwingenden Grund, sie zuerst aufzutauen).

erstarrt). Die Fleischbällchen köcheln lassen, bis sie gar sind, 12 Minuten, wenn sie knusprig sind, und 20 Minuten, wenn sie fest sind.

7. Während die Fleischbällchen köcheln, bereiten Sie die verschiedenen Beilagen vor.

8. Stellen Sie die Taco-Schalen zusammen, indem Sie den Reis mit Fleischbällchen und Soße, gewürfelter Avocado, Salsa, Cheddar, Jalapeño-Stücken und Koriander garnieren. Mit Limettenspalten und Tortillachips belegen.

Avocado-Pesto-Zoodles mit Lachs Portionen: 4

Kochzeit: 25 Minuten

Zutaten:

1 Esslöffel Pesto

1 Zitrone

2 gefrorene/frische Lachssteaks

1 große Zucchini, spiralförmig

1 Esslöffel schwarzer Pfeffer

1 Avocado

1/4 Tasse Parmesan, gerieben

Italienisches Gewürz

Anweisungen:

1. Heizen Sie den Ofen auf 375 F vor. Würzen Sie den Lachs mit italienischem Gewürz, Salz und Pfeffer und backen Sie ihn 20 Minuten lang.

2. Die Avocados mit einem Esslöffel Pfeffer, Zitronensaft und einem Esslöffel Pesto in eine Schüssel geben. Die Avocados zerdrücken und beiseite stellen.

3. Die Zucchininudeln auf die Servierplatte geben, dann die Avocadomischung und den Lachs.

4. Käse darüberstreuen. Bei Bedarf noch mehr Pesto hinzufügen. Genießen!

Nährwert-Information:128 Kalorien, 9,9 g Fett, 9 g Gesamtkohlenhydrate, 4 g Protein

Süßkartoffel, Apfel und Zwiebel mit Kurkumageschmack und Hühnchen

Portionen: 4

Kochzeit: 45 Minuten

Zutaten:

2 Esslöffel ungesalzene Butter, Zimmertemperatur 2 mittelgroße Süßkartoffeln

1 großer Granny-Smith-Apfel

1 mittelgroße Zwiebel, in dünne Scheiben geschnitten

4 Hähnchenbrustfilets mit Knochen und Haut

1 Teelöffel Salz

1 Teelöffel Kurkuma

1 Teelöffel getrockneter Salbei

¼ Teelöffel frisch gemahlener schwarzer Pfeffer

1 Tasse Apfelwein, Weißwein oder HühnerbrüheAnweisungen:

1. Ofen auf 400 °F vorheizen. Ein Backblech mit Butter einfetten.

2. Süßkartoffel, Apfel und Zwiebel in einer Schicht auf das Backblech legen.

3. Legen Sie das Hähnchen mit der Hautseite nach oben hinein und würzen Sie es mit Salz, Kurkuma, Salbei und Pfeffer. Apfelwein hinzufügen.

4. 35-40 Minuten rösten. Herausnehmen, 5 Minuten ruhen lassen und servieren.

<u>Nährwert-Information:</u>Kalorien 386 Gesamtfett: 12 g Gesamtkohlenhydrate: 26 g Zucker: 10 g Ballaststoffe: 4 g Protein: 44 g Natrium: 932 mg

Portionen Lachssteak mit gebratenen Kräutern:

4

Kochzeit: 5 Minuten

Zutaten:

1 Pfund abgespültes Lachssteak, 1/8 Teelöffel Cayennepfeffer, 1 Teelöffel Chilipulver

½ TL Kreuzkümmel

2 Knoblauchzehen, gehackt

1 Esslöffel Olivenöl

¾ TL Salz

1 Teelöffel frisch gemahlener schwarzer Pfeffer

Anweisungen:

1. Ofen auf 350 Grad F vorheizen.

2. Cayennepfeffer, Chilipulver, Kreuzkümmel, Salz und schwarzen Pfeffer in einer Schüssel vermischen. Beiseite legen.

3. Olivenöl über das Lachssteak träufeln. Auf beiden Seiten reiben. Den Knoblauch und die vorbereitete Gewürzmischung einreiben. 10 Minuten stehen lassen.

4. Nachdem sich die Aromen vermischt haben, bereiten Sie eine ofenfeste Pfanne vor.

Das Olivenöl erhitzen. Wenn der Lachs heiß ist, von jeder Seite 4 Minuten würzen.

5. Stellen Sie die Pfanne in den Ofen. 10 Minuten backen. Aufschlag.

<u>Nährwert-Information:</u>Kalorien 210 Kohlenhydrate: 0 g Fett: 14 g Protein: 19 g

Portionen Tofu und italienisch gewürztes Sommergemüse: 4

Kochzeit: 20 Minuten

Zutaten:

2 große Zucchini, in ¼-Zoll-Scheiben geschnitten

2 große Zucchini, in ¼ Zoll dicke Scheiben geschnitten 1 Pfund fester Tofu, in 1 Zoll große Würfel geschnitten

1 Tasse Gemüsebrühe oder Wasser

3 Esslöffel natives Olivenöl extra

2 Knoblauchzehen, in Scheiben geschnitten

1 Teelöffel Salz

1 TL italienische Kräutergewürzmischung

¼ Teelöffel frisch gemahlener schwarzer Pfeffer

1 Esslöffel dünn geschnittenes frisches Basilikum

Anweisungen:

1. Ofen auf 400 °F vorheizen.

2. Zucchini, Kürbis, Tofu, Brühe, Öl, Knoblauch, Salz, italienische Kräutergewürze und Pfeffer auf einem großen Backblech mit Rand vermischen und gut vermischen.

3. 20 Minuten rösten.

4. Mit Basilikum bestreuen und servieren.

<u>Nährwert-Information:</u>Kalorien: 213 Gesamtfett: 16 g Gesamtkohlenhydrate: 9 g Zucker: 4 g Ballaststoffe: 3 g Protein: 13 g Natrium: 806 mg

Zutaten für den Erdbeer-Ziegenkäse-Salat:

1 Kilo knusprige Erdbeeren, in Würfel geschnitten

Optional: 1-2 Teelöffel Nektar oder Ahornsirup, nach Geschmack 2 Unzen zerbröckelter Ziegen-Cheddar (ca. ½ Tasse) ¼ Tasse gehackter, knuspriger Basilikum, plus ein paar kleine Basilikumblätter zum Garnieren

1 EL natives Olivenöl extra

1 Esslöffel dicker Balsamico-Essig*

½ Teelöffel Maldon-Meersalzflocken oder nicht ausreichend ¼ Teelöffel feines Meersalz

Dunkler Pfeffer, knusprig gemahlen

Anweisungen:

1. Ordnen Sie die gewürfelten Erdbeeren auf einer mittelgroßen Servierplatte oder einem flachen Servierteller an. Wenn die Erdbeeren nicht ganz so süß sind, wie Sie möchten, beträufeln Sie sie mit Nektar oder Ahornsirup.

2. Streuen Sie den zerbröckelten Ziegen-Cheddar über die Erdbeeren und anschließend das gehackte Basilikum. Olivenöl und Balsamico-Essig darübergießen.

3. Mahlen Sie die gemischten grünen Salze, ein paar Stücke dunklen, knusprig gemahlenen Pfeffers und die beiseite gelegten Basilikumblätter auf dem Teller. Servieren Sie das gemischte Grün schnell auf einem Teller für einen tollen Einstieg.

Reste bleiben im Kühlschrank ca. 3 Tage haltbar.

Portionen Kurkuma-Blumenkohl-Kabeljau-Eintopf: 4

Kochzeit: 30 Minuten

Zutaten:

½ Pfund Blumenkohlröschen

1 kg Kabeljaufilet, ohne Gräten, ohne Haut und gewürfelt 1 EL Olivenöl

1 gelbe Zwiebel, gehackt

½ TL Kreuzkümmel

1 grüne Chili, gehackt

¼ Teelöffel Kurkumapulver

2 Tomaten gehackt

Eine Prise Salz und schwarzer Pfeffer

½ Tasse Hühnerbrühe

1 Esslöffel Koriander, gehackt

Anweisungen:

1. Einen Topf mit Öl bei mittlerer Hitze erhitzen, Zwiebel, Chili, Kreuzkümmel und Kurkuma hinzufügen, umrühren und 5 Minuten kochen lassen.

2. Blumenkohl, Fisch und andere Zutaten hinzufügen, umrühren, zum Kochen bringen und weitere 25 Minuten bei mittlerer Hitze kochen.

3. Den Eintopf auf Schüsseln verteilen und servieren.

<u>Nährwert-Information:</u>Kalorien 281, Fett 6, Ballaststoffe 4, Kohlenhydrate 8, Protein 12

Walnuss- und Spargel-Delikatessen: 4

Kochzeit: 5 Minuten

Zutaten:

1 und ½ Esslöffel Olivenöl

¾ Pfund Spargel, geputzt

¼ Tasse Walnüsse, gehackt

Sonnenblumenkerne und Pfeffer nach Geschmack

Anweisungen:

1. Stellen Sie die Pfanne auf mittlere Hitze, geben Sie Olivenöl hinzu und lassen Sie es erhitzen.

2. Spargel hinzufügen und 5 Minuten braten, bis er braun ist.

3. Mit Sonnenblumenkernen und Pfeffer würzen.

4. Vom Herd nehmen.

5. Walnüsse hinzufügen und vermengen.

Nährwert-Information: Kalorien: 124 Fett: 12 g Kohlenhydrate: 2 g Protein: 3 g

Zutaten für Zucchini-Pasta Alfredo:

2 mittelgroße Zucchini spiralisieren

1-2 TB veganer Parmesan (optional)

Schnelle Alfredo-Sauce

1/2 Tasse rohe Cashewnüsse, einige Stunden lang eingeweicht oder 10 Minuten lang in sprudelndem Wasser

2 EL Zitronensaft

3 TB Nährhefe

2 Teelöffel weißes Miso (Sie können Tamari, Sojasauce oder Kokosnuss-Aminosäuren hinzufügen)

1 Teelöffel Zwiebelpulver

1/2 TL Knoblauchpulver

1/4-1/2 Tasse Wasser

Anweisungen:

1. Die Zucchini-Nudeln spiralisieren.

2. Alle Alfredo-Zutaten in einen Hochgeschwindigkeitsmixer geben (beginnend mit 1/4 Tasse Wasser) und mixen, bis eine glatte Masse

entsteht. Wenn Ihre Soße zu dick ist, fügen Sie esslöffelweise mehr Wasser hinzu, bis Sie die gewünschte Konsistenz erreicht haben.

3. Fügen Sie Zucchini-Nudeln mit Alfredo-Sauce und, falls gewünscht, einen vegetarischen Korb hinzu.

Zutaten für Quinoa-Putenhuhn:

1 Tasse Quinoa, abgespült

3 1/2 Tassen Wasser, isoliert

1/2 Pfund mageres Putenhackfleisch

1 große süße Zwiebel, gehackt

1 mittelsüße rote Paprika, gehackt

4 Knoblauchzehen, gehackt

1 Esslöffel Bohneneintopfpulver

1 EL gemahlene Kreuzkümmelsamen

1/2 TL gemahlener Zimt

2 Dosen (je 15 oz.) dunkle Bohnen, abgespült und abgetropft 1 Dose (28 oz.) zerdrückte Tomaten

1 mittelgroße Zucchini, gehackt

1 Chipotle-Pfeffer in Adobo-Sauce, gehackt

1 Esslöffel Adobo-Sauce

1 sich verjüngendes Blatt

1 Teelöffel getrockneter Oregano

1/2 Teelöffel Salz

1/4 TL Pfeffer

1 Tasse Maiskolben, aufgetaut

1/4 Tasse gehackter frischer Koriander

Optionale Beilagen: gewürfelte Avocado, geriebener Monterey-Jack-Cheddar

Anweisungen:

1. Quinoa und 2 Tassen Wasser in einem großen Topf zum Kochen bringen. Hitze reduzieren; verteilen und 12–15 Minuten köcheln lassen, bis das Wasser zurückbleibt. Vom Herd nehmen; Mit einer Gabel lösen und an einem sicheren Ort aufbewahren.

2. Als nächstes kochen Sie den Truthahn, die Zwiebel, die rote Paprika und den Knoblauch in einer großen Pfanne mit Kochspray bei mittlerer Hitze, bis das Fleisch nicht mehr rosa und das Gemüse zart ist. Kanal. Bohneneintopfpulver, Kreuzkümmel und Zimt einrühren; 2 Minuten länger kochen.

Fügen Sie bei Bedarf optionale Verzierungen hinzu.

3. Dunkle Bohnen, Tomaten, Zucchini, Chipotle-Pfeffer, Adobo-Sauce, Lorbeerblätter, Oregano, Salz, Pfeffer und restliches Wasser hinzufügen.

Bis zum Siedepunkt erhitzen. Hitze reduzieren; verteilen und schmoren 30

Protokoll. Mais und Quinoa unterrühren; Wärme durch. Entsorgen Sie die schmaler werdenden Blätter; Koriander unterrühren. Falls gewünscht, mit optionalen Vermerken einreichen.

4. Alternative zum Einfrieren: Den abgekühlten Eintopf in Kühlfächern einfrieren.

Für eine mittlere Verwendungsdauer im Kühlschrank teilweise auftauen lassen. In einem Topf erhitzen, dabei gelegentlich umrühren; Bei Bedarf Saft oder Wasser hinzufügen.

Portionen Knoblauch- und Kürbisnudeln: 4

Kochzeit: 15 Minuten

Zutaten:

Um die Soße zuzubereiten

¼ Tasse Kokosmilch

6 große Dates

2/3 g Kokosraspeln

6 Knoblauchzehen

2 EL Ingwerpaste

2 EL rote Currypaste

Zur Herstellung von Nudeln

1 große Zucchininudeln

½ Julienne gehackte Karotten

½ in Julienne geschnittene Zucchini

1 kleine rote Paprika

¼ Tasse Cashewnüsse

Anweisungen:

1. Um die Soße zuzubereiten, alle Zutaten vermischen und ein dickes Püree herstellen.

2. Den Spaghettikürbis der Länge nach aufschneiden und die Nudeln zubereiten.

3. Das Backblech leicht mit Olivenöl bestreichen und die Zucchininudeln 5–6 Minuten bei 40 °C kochen.

4. Zum Servieren Nudeln und Püree in eine Schüssel geben. Oder Püree zu den Nudeln servieren.

Nährwert-Information:Kalorien 405 Kohlenhydrate: 107 g Fett: 28 g Protein: 7 g

Gedämpfte Forelle mit roter Bohnen-Chili-Salsa: 1

Kochzeit: 16 Minuten

Zutaten:

4 ½ Unzen halbierte Kirschtomaten

1/4 Avocado, ungeschält

6 oz Meeresforellenfilets ohne Haut

Korianderblätter zum Servieren

2 Teelöffel Olivenöl

Limettenschnitze zum Servieren

4 ½ Unzen rote Bohnen aus der Dose, abgespült und abgetropft 1/2 rote Zwiebel, in dünne Scheiben geschnitten

1 Esslöffel eingelegte Jalapenos, abgetropft

1/2 TL gemahlene Kreuzkümmelsamen

4 sizilianische Oliven/grüne Oliven

Anweisungen:

1. Stellen Sie den Dampfgareinsatz über einen Topf mit kochendem Wasser. Den Fisch in den Korb geben und abdecken, 10–12 Minuten garen.

2. Nehmen Sie den Fisch heraus und lassen Sie ihn einige Minuten ruhen. In der Zwischenzeit etwas Öl in einer Pfanne erhitzen.

3. Eingelegte Jalapenos, rote Bohnen, Oliven, 1/2 Teelöffel Kreuzkümmel und Kirschtomaten hinzufügen. Unter ständigem Rühren etwa 4-5 Minuten kochen lassen.

4. Den Bohnenteig auf eine Servierplatte geben, dann die Forelle.

Koriander und Zwiebel hinzufügen.

5. Mit Limettenscheiben und Avocado servieren. Genießen Sie gedämpfte Meerforelle mit roter Bohnen-Chili-Salsa!

<u>Nährwert-Information:</u>243 Kalorien, 33,2 g Fett, 18,8 g Gesamtkohlenhydrate, 44 g Protein

Portionen Süßkartoffel- und Putensuppe: 4

Kochzeit: 45 Minuten

Zutaten:

2 EL Olivenöl

1 gelbe Zwiebel, gehackt

1 grüne Paprika, gehackt

2 Süßkartoffeln, geschält und gewürfelt

1 Kilo Putenbrust, ohne Haut, ohne Knochen und gewürfelt 1 Teelöffel Koriander, gemahlen

Eine Prise Salz und schwarzer Pfeffer

1 TL süßes Paprikapulver

6 Tassen Hühnerbrühe

Saft von 1 Limette

Eine Handvoll Petersilie, gehackt

Anweisungen:

1. Einen Topf mit Öl bei mittlerer Hitze erhitzen, Zwiebel, Paprika und Süßkartoffel hinzufügen, umrühren und 5 Minuten erhitzen.

2. Das Fleisch dazugeben und weitere 5 Minuten anbraten.

3. Die restlichen Zutaten hinzufügen, umrühren, zum Kochen bringen und bei mittlerer Hitze weitere 35 Minuten kochen lassen.

4. Die Suppe in Schüsseln füllen und servieren.

<u>Nährwert-Information:</u>Kalorien 203, Fett 5, Ballaststoffe 4, Kohlenhydrate 7, Protein 8

Portionen gebratener Miso-Lachs: 2

Kochzeit: 20 Minuten

Zutaten:

2 EL. Ahornsirup

2 Zitronen

¼ Tasse Miso

¼ TL. Pfeffer, gemahlen

2 Limetten

2 ½ Pfund Lachs, mit Haut

Etwas Cayennepfeffer

2 EL. Natives Olivenöl extra

¼ Tasse Miso

Anweisungen:

1. Mischen Sie zunächst den Limettensaft und den Zitronensaft in einer kleinen Schüssel, bis alles gut vermischt ist.

2. Anschließend Miso, Cayennepfeffer, Ahornsirup, Olivenöl und Pfeffer hinzufügen. Gut kombinieren.

3. Anschließend den Lachs mit der Hautseite nach unten auf ein mit Backpapier belegtes Backblech legen.

4. Den Lachs großzügig mit der Miso-Zitronen-Mischung bestreichen.

5. Legen Sie nun die halbierten Zitronen- und Limettenstücke mit der Schnittseite nach oben auf den Rand.

6. Zum Schluss 8-12 Minuten garen oder bis der Fisch in Flocken zerfällt.

<u>Nährwert-Information:</u>Kalorien: 230 Kcal, Proteine: 28,3 g, Kohlenhydrate: 6,7 g, Fette: 8,7 g

Portionen einfach gebratenes Flockenfilet: 6

Kochzeit: 8 Minuten

Zutaten:

Tilapia mit 6 Filets

2 EL Olivenöl

1 Zitrone, Saft

Salz und Pfeffer nach Geschmack

¼ Tasse Petersilie oder Koriander, gehackt

Anweisungen:

1. Die Tilapiafilets mit Olivenöl in einer mittelgroßen Pfanne bei mittlerer Hitze anbraten. Auf jeder Seite 4 Minuten braten, bis sich der Fisch mit einer Gabel leicht zerteilen lässt.

2. Mit Salz und Pfeffer abschmecken. Jedes Filet mit Zitronensaft übergießen.

3. Zum Servieren das gekochte Filet mit gehackter Petersilie oder Koriander bestreuen.

Nährwert-Information: Kalorien: 249 Kalorien, Fett: 8,3 g, Protein: 18,6 g, Kohlenhydrate: 25,9

Ballaststoffe: 1 g

Carnitas-Portionen vom Schwein: 10

Kochzeit: 8 Stunden. 10 Minuten

Zutaten:

5 Pfund. Schweineschulter

2 Knoblauchzehen, gehackt

1 Teelöffel schwarzer Pfeffer

1/4 Teelöffel Zimt

1 Teelöffel getrockneter Oregano

1 Teelöffel gemahlener Kreuzkümmel

1 Lorbeerblatt

2 Unzen Hühnerbrühe

1 Teelöffel Limettensaft

1 Esslöffel Chilipulver

1 Esslöffel Salz

Anweisungen:

1. Das Schweinefleisch mit den restlichen Zutaten in den Slow Cooker geben.

2. Deckel auflegen und 8 Stunden garen. bei schwacher Hitze.

3. Wenn Sie fertig sind, zerkleinern Sie das gekochte Schweinefleisch mit einer Gabel.

4. Dieses gehackte Schweinefleisch auf einem Backblech verteilen.

5. 10 Minuten köcheln lassen und servieren.

Nährwert-Information:Kalorien 547, Fett 39 g, Kohlenhydrate 2,6 g, Ballaststoffe 0 g, Protein 43 g

Weißfischkruste mit Gemüse

Portionen: 6 bis 8

Kochzeit: 32-35 Minuten

Zutaten:

3 Süßkartoffeln, geschält und in ½-Zoll-Stücke geschnitten 4 Karotten, geschält und in ½-Zoll-Stücke geschnitten 3 Tassen vollfette Kokosmilch

2 Tassen Wasser

1 Teelöffel getrockneter Thymian

½ TL Meersalz

10½ oz (298 g) Weißfisch, ohne Haut und fest, wie Kabeljau oder Heilbutt, in Stücke geschnitten

Anweisungen:

1. Süßkartoffel, Karotte, Kokosmilch, Wasser, Thymian und Meersalz bei starker Hitze in einen großen Topf geben und zum Kochen bringen.

2. Die Hitze reduzieren, abdecken und unter gelegentlichem Rühren 20 Minuten köcheln lassen, bis das Gemüse weich ist.

3. Die Hälfte der Suppe in einen Mixer geben und pürieren, bis alles gut vermischt und glatt ist, dann zurück in den Topf geben.

4. Die Fischstücke unterrühren und weitere 12 Minuten garen

bis zu 15 Minuten oder bis der Fisch gar ist.

5. Vom Herd nehmen und in Schüsseln servieren.

Nährwert-Information:Kalorien: 450; Fett: 28,7 g; Protein: 14,2 g;

Kohlenhydrate: 38,8 g; Ballaststoffe: 8,1 g; Zucker: 6,7g; Natrium: 250 mg

Portionen Zitronenspalten: 4

Zutaten:

1 EL. extra natives extra natives Olivenöl 2 gehackte Knoblauchzehen

2 Pfund. geschälte Muscheln

Saft einer Zitrone

Anweisungen:

1. Etwas Wasser in den Topf gießen, die Muscheln dazugeben, bei mittlerer Hitze zum Kochen bringen, 5 Minuten kochen lassen, die ungeöffneten Muscheln wegwerfen und in eine Schüssel heben.

2. In einer anderen Schüssel das Öl mit dem Knoblauch und dem frisch gepressten Zitronensaft vermischen, gut verquirlen und zu den Muscheln geben, vermischen und servieren.

3. Viel Spaß!

Nährwert-Information:Kalorien: 140, Fett: 4 g, Kohlenhydrate: 8 g, Protein: 8 g, Zucker: 4 g, Natrium: 600 mg,

Portionen Limette und Chili-Lachs: 2

Kochzeit: 8 Minuten

Zutaten:

1 Pfund Lachs

1 EL Limettensaft

½ TL Pfeffer

½ TL Chilipulver

4 Limettenscheiben

Anweisungen:

1. Den Lachs mit Limettensaft beträufeln.

2. Beide Seiten mit Pfeffer und Chilipulver bestreuen.

3. Den Lachs in die Heißluftfritteuse geben.

4. Limettenscheiben auf den Lachs legen.

5. 8 Minuten lang bei 375 Grad F an der Luft braten.

Portionen Käse-Thunfisch-Nudeln: 3-4

Zutaten:

2 c. Rucola

¼ c. gehackte Frühlingszwiebel

1 EL. roter Essig

5 Unzen Thunfisch aus der Dose, abgetropft

¼ TL. schwarzer Pfeffer

2 Unzen gekochte Vollkornnudeln

1 EL. Olivenöl

1 EL. geriebener fettarmer Parmesan

Anweisungen:

1. Die Nudeln in ungesalzenem Wasser kochen. Abtropfen lassen und beiseite stellen.

2. In einer großen Schüssel Thunfisch, Frühlingszwiebeln, Essig, Öl, Rucola, Nudeln und schwarzen Pfeffer gründlich vermischen.

3. Gut vermischen und mit Käse belegen.

4. Servieren und genießen.

<u>Nährwert-Information:</u>Kalorien: 566,3, Fett: 42,4 g, Kohlenhydrate: 18,6 g, Protein: 29,8 g, Zucker: 0,4 g, Natrium: 688,6 mg

Portionen Fischstreifen mit Kokoskruste: 4

Kochzeit: 12 Minuten

Zutaten:

Marinade

1 EL Sojasauce

1 Teelöffel gemahlener Ingwer

½ Tasse Kokosmilch

2 EL Ahornsirup

½ Tasse Ananassaft

2 TL scharfe Soße

Fisch

1 Pfund Fischfilets, in Streifen geschnitten

Pfeffer nach Geschmack

1 Tasse Semmelbrösel

1 Tasse Kokosflocken (ungesüßt)

Kochspray

Anweisungen:

1. Die Zutaten der Marinade in einer Schüssel vermischen.

2. Mischen Sie die Fischstreifen.

3. Mit einem Deckel abdecken und für 2 Stunden in den Kühlschrank stellen.

4. Fritteuse auf 375 Grad F vorheizen.

5. Pfeffer, Semmelbrösel und Kokosflocken in einer Schüssel vermischen.

6. Die Fischstreifen in die Semmelbröselmischung tauchen.

7. Besprühen Sie den Korb Ihrer Heißluftfritteuse mit Öl.

8. Geben Sie die Fischstreifen in den Heißluftfritteusenkorb.

9. Auf beiden Seiten 6 Minuten an der Luft braten.

Portionen mexikanischer Fisch: 2

Kochzeit: 10 Minuten

Zutaten:

4 Fischfilets

2 Teelöffel mexikanischer Oregano

4 Teelöffel Kreuzkümmel

4 Teelöffel Chilipulver

Pfeffer nach Geschmack

Kochspray

Anweisungen:

1. Fritteuse auf 400 Grad F vorheizen.

2. Besprühen Sie den Fisch mit Öl.

3. Beide Seiten des Fisches mit Gewürzen und Pfeffer würzen.

4. Legen Sie den Fisch in den Heißluftfritteusenkorb.

5. 5 Minuten backen.

6. Wenden und weitere 5 Minuten garen.

Forelle mit Gurkensalsa Portionen: 4

Kochzeit: 10 Minuten

Zutaten:

Salsa:

1 englische Gurke, gehackt

¼ Tasse ungesüßter Kokosjoghurt

2 Esslöffel gehackte frische Minze

1 Zwiebel, weiße und grüne Teile, gehackt

1 Teelöffel roher Honig

Meersalz

Fisch:

4 (5 oz) Forellenfilets, getrocknet

1 Esslöffel Olivenöl

Meersalz und frisch gemahlener schwarzer Pfeffer nach Geschmack<u>Anweisungen:</u>

1. Salsa zubereiten: In einer kleinen Schüssel Joghurt, Gurke, Minze, Zwiebel, Honig und Meersalz vermischen, bis alles gut vermischt ist. Beiseite legen.

2. Auf einer sauberen Arbeitsfläche die Forellenfilets leicht mit Meersalz und Pfeffer einreiben.

3. Das Olivenöl in einer großen Pfanne bei mittlerer Hitze erhitzen. Geben Sie die Forellenfilets in die heiße Pfanne und braten Sie sie etwa 10 Minuten lang, indem Sie den Fisch wenden, oder bis der Fisch nach Ihren Wünschen gegart ist.

4. Die Salsa über den Fisch verteilen und servieren.

Nährwert-Information:Kalorien: 328; Fett: 16,2 g; Protein: 38,9 g; Kohlenhydrate: 6,1 g

; Ballaststoffe: 1,0 g; Zucker: 3,2g; Natrium: 477 mg

Zitronen-Zoodles mit Garnelen-Portionen: 4

Kochzeit: 0 Minuten

Zutaten:

Soße:

½ Tasse verpackte frische Basilikumblätter

Saft von 1 Zitrone (oder 3 Esslöffel)

1 Teelöffel gehackter Knoblauch aus der Flasche

Eine Prise Meersalz

Eine Prise frisch gemahlener schwarzer Pfeffer

¼ Tasse vollfette Kokosmilch aus der Dose

1 großer gelber Kürbis, in Streifen geschnitten oder spiralisiert 1 große Zucchini, in Streifen geschnitten oder spiralisiert

1 Pfund (454 g) Garnelen, gereinigt, gekocht, geschält und gekühlt Schale einer Zitrone (optional)

Anweisungen:

1. Soße zubereiten: Basilikumblätter, Zitronensaft, Knoblauch, Meersalz und Pfeffer in einer Küchenmaschine fein zerkleinern.

2. Gießen Sie die Kokosmilch langsam ein, während die Küchenmaschine noch läuft. Pulsieren, bis eine glatte Masse entsteht.

3. Geben Sie die Sauce zusammen mit dem gelben Kürbis und den Zucchini in eine große Schüssel. Gut werfen.

4. Garnelen und Zitronenschale (falls gewünscht) auf den Nudeln verteilen. Sofort servieren.

Nährwert-Information:Kalorien: 246; Fett: 13,1 g; Protein: 28,2 g; Kohlenhydrate: 4,9 g

; Ballaststoffe: 2,0 g; Zucker: 2,8g; Natrium: 139 mg

Knusprige Garnelenportionen: 4

Kochzeit: 3 Minuten

Zutaten:

1 Pfund Garnelen, geschält und gewürfelt

½ Tasse Fischpaniermischung

Kochspray

Anweisungen:

1. Fritteuse auf 390 Grad F vorheizen.

2. Besprühen Sie die Garnelen mit Öl.

3. Mit der Paniermischung bedecken.

4. Besprühen Sie den Frittierkorb mit Öl.

5. Geben Sie die Garnelen in den Heißluftfritteusenkorb.

6. 3 Minuten backen.

Portionen gebratener Wolfsbarsch: 2

Zutaten:

2 gehackte Knoblauchzehen

Pfeffer.

1 EL. Zitronensaft

2 weiße Wolfsbarschfilets

¼ TL. Kräutergewürzmischung

Anweisungen:

1. Eine Bratpfanne mit etwas Olivenöl einsprühen und die Filets darauf legen.

2. Zitronensaft, Knoblauch und Gewürze auf die Filets streuen.

3. Etwa 10 Minuten braten, bis der Fisch goldbraun ist.

4. Nach Belieben mit gebratenem Spinat servieren.

Nährwert-Information:Kalorien: 169, Fett: 9,3 g, Kohlenhydrate: 0,34 g, Protein: 15,3

g, Zucker: 0,2 g, Natrium: 323 mg

Portionen Lachskuchen: 4

Kochzeit: 10 Minuten

Zutaten:

Kochspray

1 Pfund Lachsfilets in Flocken

¼ Tasse Mandelmehl

2 Teelöffel Old Bay-Gewürz

1 Frühlingszwiebel, gehackt

Anweisungen:

1. Fritteuse auf 390 Grad F vorheizen.

2. Besprühen Sie den Korb Ihrer Fritteuse mit Öl.

3. Die restlichen Zutaten in einer Schüssel vermischen.

4. Aus der Masse Patties formen.

5. Die Patties auf beiden Seiten mit Öl einsprühen.

6. 8 Minuten an der Luft braten.

Portionen würziger Kabeljau: 4

Zutaten:

2 EL. Frisch gehackte Petersilie

2 Pfund. Kabeljaufilets

2 c. Salsa mit niedrigem Natriumgehalt

1 EL. geschmackloses Öl

Anweisungen:

1. Den Ofen auf 350°F vorheizen.

2. Den Boden einer großen, tiefen Auflaufform mit Öl beträufeln.

Die Kabeljaufilets in eine Schüssel geben. Die Salsa über den Fisch gießen. 20 Minuten mit Folie abdecken. Entfernen Sie während der letzten 10 Minuten des Backens die Folie.

3. Im Ofen 20–30 Minuten backen, bis der Fisch flockig ist.

4. Mit weißem oder braunem Reis servieren. Mit Petersilie garnieren.

Nährwert-Information:Kalorien: 110, Fett: 11 g, Kohlenhydrate: 83 g, Protein: 16,5 g, Zucker: 0 g, Natrium: 122 mg

Portionen geräucherte Forellenbutter: 2

Zutaten:

2 TL. Frischer Zitronensaft

½ c. fettarmer Hüttenkäse

1 gewürfelter Selleriestiel

¼ Pfund geräucherte Forellenfilets ohne Haut,

½ TL. Worcestersauce

1 Teelöffel. Pfeffersoße

¼ c. grob gehackte rote Zwiebel

Anweisungen:

1. Forelle, Hüttenkäse, rote Zwiebeln, Zitronensaft, scharfe Pfeffersauce und Worcestershire-Sauce in einem Mixer oder einer Küchenmaschine vermischen.

2. Alles glatt rühren, dabei anhalten und bei Bedarf die Seiten der Schüssel abkratzen.

3. Den gewürfelten Sellerie unterheben.

4. In einem luftdichten Behälter im Kühlschrank aufbewahren.

Nährwert-Information: Kalorien: 57, Fett: 4 g, Kohlenhydrate: 1 g, Protein: 4 g, Zucker: 0 g, Natrium: 660 mg

Thunfisch- und Schalottenportionen: 4

Zutaten:

½ c. natriumarme Hühnerbrühe

1 EL. Olivenöl

4 Thunfischfilets ohne Knochen und Haut

2 gehackte Schalotten

1 Teelöffel. süße Paprika

2 EL. Limettensaft

¼ TL. schwarzer Pfeffer

Anweisungen:

1. Eine Pfanne mit Öl auf mittlerer bis hoher Hitze erhitzen, Schalotten hinzufügen und 3 Minuten braten.

2. Den Fisch dazugeben und auf jeder Seite 4 Minuten braten.

3. Die restlichen Zutaten hinzufügen, alles weitere 3 Minuten kochen lassen, auf Teller verteilen und servieren.

Nährwert-Information:Kalorien: 4040, Fett: 34,6 g, Kohlenhydrate: 3 g, Protein: 21,4 g, Zucker: 0,5 g, Natrium: 1000 mg

Portionen Garnelen mit Zitronenpfeffer: 2

Kochzeit: 10 Minuten

Zutaten:

1 Esslöffel Zitronensaft

1 Esslöffel Olivenöl

1 Teelöffel Zitronenpfeffer

¼ TL Knoblauchpulver

¼ Teelöffel Paprika

12 Unzen. Garnelen, geschält und gehackt

Anweisungen:

1. Fritteuse auf 400 Grad F vorheizen.

2. Zitronensaft, Olivenöl, Zitronenpfeffer, Knoblauchpulver und Paprika in einer Schüssel vermischen.

3. Garnelen einrühren und gleichmäßig mit der Mischung bedecken.

4. Fügen Sie die Heißluftfritteuse hinzu.

5. 8 Minuten backen.

Portionen heißes Thunfischsteak: 6

Zutaten:

2 EL. Frischer Zitronensaft

Pfeffer.

Geröstete Orangen-Knoblauch-Mayonnaise

¼ c. ganze schwarze Pfefferkörner

6 geschnittene Thunfischsteaks

2 EL. Natives Olivenöl extra

Salz

Anweisungen:

1. Den Thunfisch in eine geeignete Schüssel geben. Öl, Zitronensaft, Salz und Pfeffer hinzufügen. Den Thunfisch wenden, sodass er gut mit der Marinade bedeckt ist. 15–20 Minuten ruhen lassen

Minuten, einmal wenden.

2. Pfefferkörner in doppelt dicke Plastiktüten geben. Klopfen Sie mit einem schweren Topf oder einem kleinen Hammer auf die Pfefferkörner, um sie grob zu zerdrücken. Auf einen großen Teller legen.

3. Wenn Sie bereit sind, den Thunfisch zu kochen, tauchen Sie die Ränder in zerstoßene Pfefferkörner. Eine beschichtete Pfanne bei mittlerer Hitze erhitzen. Braten Sie die Thunfischsteaks, bei Bedarf portionsweise, 4 Minuten pro Seite auf mittlerer bis seltener Stufe und geben Sie nach Bedarf 2-3 Esslöffel der Marinade in die Pfanne, um ein Anhaften zu verhindern.

4. Geröstet mit gerösteter Orangen-Knoblauch-Mayonnaise servierenNährwert-Information:Kalorien: 124, Fett: 0,4 g, Kohlenhydrate: 0,6 g, Protein: 28 g, Zucker: 0 g, Natrium: 77 mg

Portionen Cajun-Lachs: 2

Kochzeit: 10 Minuten

Zutaten:

2 Lachsfilets

Kochspray

1 Esslöffel Cajun-Gewürz

1 Esslöffel Honig

Anweisungen:

1. Fritteuse auf 390 Grad F vorheizen.

2. Besprühen Sie den Fisch von beiden Seiten mit Öl.

3. Mit Cajun-Gewürz bestreuen.

4. Besprühen Sie den Frittierkorb mit Öl.

5. Geben Sie den Lachs in den Heißluftfritteusenkorb.

6. 10 Minuten an der Luft braten.

Quinoa-Lachs-Bowl mit Gemüse

Portionen: 4

Kochzeit: 0 Minuten

Zutaten:

1 Pfund (454 g) gekochter Lachs, in Flocken

4 Tassen gekochte Quinoa

6 Radieschen in dünne Scheiben schneiden

1 Zucchini, in Halbmonde geschnitten

3 Tassen Rucola

3 Zwiebeln, gehackt

½ Tasse Mandelöl

1 TL scharfe Soße ohne Zucker

1 Esslöffel Apfelessig

1 Teelöffel Meersalz

½ Tasse geröstete Mandelblättchen zum Garnieren (optional)Anweisungen:

1. In einer großen Schüssel Lachsflocken, gekochtes Quinoa, Radieschen, Zucchini, Rucola und Frühlingszwiebeln vermengen und gut vermischen.

2. Mandelöl, scharfe Soße, Apfelessig und Meersalz hinzufügen und umrühren.

3. Teilen Sie die Mischung auf vier Schüsseln auf. Nach Belieben jede Schüssel zum Garnieren gleichmäßig mit geriebenen Mandeln bestreuen. Sofort servieren.

Nährwert-Information:Kalorien: 769; Fett: 51,6 g; Protein: 37,2 g; Kohlenhydrate: 44,8 g; Ballaststoffe: 8,0 g; Zucker: 4,0g; Natrium: 681 mg

Portionen zerkleinerter Fisch: 4

Kochzeit: 15 Minuten

Zutaten:

¼ Tasse Olivenöl

1 Tasse trockene Semmelbrösel

4 weiße Fischfilets

Pfeffer nach Geschmack

Anweisungen:

1. Fritteuse auf 350 Grad F vorheizen.

2. Beide Seiten des Fisches mit Pfeffer bestreuen.

3. Öl und Semmelbrösel in einer Schüssel vermischen.

4. Tauchen Sie den Fisch in die Mischung.

5. Drücken Sie auf die Seite der Semmelbrösel.

6. Legen Sie den Fisch in die Heißluftfritteuse.

7. 15 Minuten backen.

Portionen einfache Lachssteaks: 4

Kochzeit: 8-10 Minuten

Zutaten:

1 Pfund (454 g) hautlose, grätenlose Lachsfilets, gehackt ¼ Tasse gehackte süße Zwiebel

½ Tasse Mandelmehl

2 Knoblauchzehen, gehackt

2 Eier, geschlagen

1 TL Dijon-Senf

1 Esslöffel frisch gepresster Zitronensaft

Mit roten Paprikaflocken garnieren

½ TL Meersalz

¼ Teelöffel frisch gemahlener schwarzer Pfeffer

1 Esslöffel Avocadoöl

Anweisungen:

1. In einer großen Schüssel gehackten Lachs, süße Zwiebeln, Mandelmehl, Knoblauch, geschlagene Eier, Senf, Zitronensaft, rote Paprikaflocken, Meersalz und Pfeffer vermischen und gut verrühren.

2. Lassen Sie die Lachsmischung 5 Minuten ruhen.

3. Schöpfen Sie die Lachsmischung aus und formen Sie mit den Händen vier ½ Zoll dicke Pastetchen.

4. Erhitzen Sie das Avocadoöl in einer großen Pfanne bei mittlerer Hitze. Die Pastetchen in die heiße Pfanne geben und auf jeder Seite 4–5 Minuten braten, bis sie leicht gebräunt und durchgegart sind.

5. Vom Herd nehmen und auf einem Teller servieren.

Nährwert-Information:Kalorien: 248; Fett: 13,4 g; Protein: 28,4 g; Kohlenhydrate: 4,1 g

; Ballaststoffe: 2,0 g; Zucker: 2,0 g; Natrium: 443 mg

Portionen Popcorn-Garnelen: 4

Kochzeit: 10 Minuten

Zutaten:

½ TL Zwiebelpulver

½ TL Knoblauchpulver

½ TL Paprika

¼ TL gemahlener Senf

⅛ Teelöffel getrockneter Salbei

⅛ TL gemahlener Thymian

⅛ TL getrockneter Oregano

⅛ Teelöffel getrocknetes Basilikum

Pfeffer nach Geschmack

3 Esslöffel Maisstärke

1 Pfund Garnelen, geschält und gewürfelt

Kochspray

Anweisungen:

1. Alle Zutaten außer den Garnelen in einer Schüssel vermischen.

2. Bedecken Sie die Garnelen mit der Mischung.

3. Besprühen Sie den Korb der Heißluftfritteuse mit Öl.

4. Fritteuse auf 390 Grad F vorheizen.

5. Garnelen hinzufügen.

6. 4 Minuten an der Luft braten.

7. Schütteln Sie den Korb.

8. Weitere 5 Minuten kochen lassen.

Portionen würzig gebackener Fisch: 5

Zutaten:

1 EL. Olivenöl

1 Teelöffel. Gewürzsalzfreies Gewürz

1 Pfund Lachsfilet

Anweisungen:

1. Ofen auf 350F vorheizen.

2. Den Fisch mit Olivenöl und Gewürzen beträufeln.

3. Ohne Deckel 15 Min. garen.

4. In Scheiben schneiden und servieren.

Nährwert-Information:Kalorien: 192, Fett: 11 g, Kohlenhydrate: 14,9 g, Protein: 33,1 g, Zucker: 0,3 g, Natrium: 505 6 mg

Portionen Paprika-Thunfisch: 4

Zutaten:

½ TL. Chilipulver

2 TL. süße Paprika

¼ TL. schwarzer Pfeffer

2 EL. Olivenöl

4 Thunfischsteaks ohne Knochen

Anweisungen:

1. Eine Pfanne mit Öl auf mittlerer bis hoher Hitze erhitzen, Thunfischsteaks hinzufügen, mit Paprika, schwarzem Pfeffer und Chilipulver würzen, 5 Minuten auf beiden Seiten braten, auf Teller verteilen und mit Salat servieren.

Nährwert-Information:Kalorien: 455, Fett: 20,6 g, Kohlenhydrate: 0,8 g, Protein: 63,8

g, Zucker: 7,4 g, Natrium: 411 mg

Fischfrikadellen Portionen: 2

Kochzeit: 7 Minuten

Zutaten:

8 Unzen weiße Fischfilets, in Flocken

Knoblauchpulver nach Geschmack

1 Teelöffel Zitronensaft

Anweisungen:

1. Fritteuse auf 390 Grad F vorheizen.

2. Alle Zutaten vermischen.

3. Aus der Masse Patties formen.

4. Legen Sie die Fischfrikadellen in die Heißluftfritteuse.

5. 7 Minuten backen.

Gebratene Jakobsmuscheln mit Honig in

Portionen: 4

Kochzeit: 15 Minuten

Zutaten:

1 Pfund (454 g) große Jakobsmuscheln, abgespült und trocken getupft, etwas Meersalz

Mit frisch gemahlenem schwarzem Pfeffer bestreuen

2 Esslöffel Avocadoöl

¼ Tasse roher Honig

3 Esslöffel Kokosnuss-Aminosäuren

1 Esslöffel Apfelessig

2 Knoblauchzehen, gehackt

Anweisungen:

1. Jakobsmuscheln, Meersalz und Pfeffer in die Schüssel geben und verrühren, bis alles gut bedeckt ist.

2. Avocadoöl in einer großen Pfanne bei mittlerer bis hoher Hitze erhitzen.

3. Die Jakobsmuscheln auf jeder Seite 2-3 Minuten anbraten oder bis die Jakobsmuscheln milchig weiß oder undurchsichtig und fest werden.

4. Nehmen Sie die Jakobsmuscheln vom Herd, legen Sie sie auf einen Teller und decken Sie sie locker mit Folie ab, um sie warm zu halten. Beiseite legen.

5. Honig, Kokosnuss-Aminosäuren, Essig und Knoblauch in die Pfanne geben und gut vermischen.

6. Zum Kochen bringen und etwa 7 Minuten kochen lassen, bis die Flüssigkeit reduziert ist, dabei gelegentlich umrühren.

7. Geben Sie die angebratenen Jakobsmuscheln wieder in die Pfanne und vermengen Sie sie, bis sie mit der Glasur bedeckt sind.

8. Die Jakobsmuscheln auf vier Teller verteilen und warm servieren.

<u>Nährwert-Information:</u>Kalorien: 382; Fett: 18,9 g; Protein: 21,2 g; Kohlenhydrate: 26,1 g; Ballaststoffe: 1,0 g; Zucker: 17,7g; Natrium: 496 mg

Kabeljaufilets mit Shiitake-Pilzen. Portionen: 4

Kochzeit: 15-18 Minuten

Zutaten:

1 Knoblauchzehe, gehackt

1 Lauch, in dünne Scheiben geschnitten

1 Teelöffel gehackte frische Ingwerwurzel

1 Esslöffel Olivenöl

½ Tasse trockener Weißwein

½ Tasse geschnittene Shiitake-Pilze

4 (6 oz/170 g) Kabeljaufilets

1 Teelöffel Meersalz

⅛ Teelöffel frisch gemahlener schwarzer Pfeffer

Anweisungen:

1. Den Ofen auf 190 °C (375 °F) vorheizen.

2. Knoblauch, Lauch, Ingwerwurzel, Wein, Olivenöl und Pilze in einer Backform vermischen und schwenken, bis die Pilze gleichmäßig bedeckt sind.

3. Im vorgeheizten Backofen 10 Minuten backen, bis es leicht gebräunt ist.

4. Nehmen Sie die Backform aus dem Ofen. Das Kabeljaufilet darauf verteilen und mit Meersalz und Pfeffer würzen.

5. Mit Alufolie abdecken und zurück in den Ofen stellen. 5 bis 8 Minuten backen

weitere Minuten oder bis der Fisch schuppig ist.

6. Entfernen Sie die Aluminiumfolie und lassen Sie es vor dem Servieren 5 Minuten lang abkühlen.

Nährwert-Information:Kalorien: 166; Fett: 6,9 g; Protein: 21,2 g; Kohlenhydrate: 4,8 g; Ballaststoffe: 1,0 g; Zucker: 1,0 g; Natrium: 857 mg

Portionen gebratener weißer Wolfsbarsch: 2

Zutaten:

1 Teelöffel. zerdrückten Knoblauch

Gemahlener schwarzer Pfeffer

1 EL. Zitronensaft

8 Unzen weißes Seebarschfilet

¼ TL. salzfreie Kräutergewürzmischung

Anweisungen:

1. Heizen Sie den Grill vor und stellen Sie den Rost 10 cm von der Wärmequelle entfernt auf.

2. Sprühen Sie die Backform leicht mit Kochspray ein. Die Filets in die Pfanne legen. Die Filets mit Zitronensaft, Knoblauch, Kräutergewürz und Pfeffer beträufeln.

3. Etwa 8–10 Minuten braten, bis der Fisch bei der Prüfung mit der Messerspitze undurchsichtig ist.

4. Sofort servieren.

Nährwert-Information:Kalorien: 114, Fett: 2 g, Kohlenhydrate: 2 g, Protein: 21 g, Zucker: 0,5 g, Natrium: 78 mg

Portionen gebackenes Tomatenpüree: 4-5

Zutaten:

½ c. Tomatensauce

1 EL. Olivenöl

Petersilie

2 geschnittene Tomaten

½ c. geriebener Käse

4 Pfund. entbeinter und in Scheiben geschnittener Seehechtfisch

Salz.

Anweisungen:

1. Ofen auf 400 0F vorheizen.

2. Den Fisch mit Salz würzen.

3. In einer Pfanne oder einem Topf; Den Fisch in Olivenöl anbraten, bis er zur Hälfte gar ist.

4. Nehmen Sie vier Folienblätter, um den Fisch abzudecken.

5. Formen Sie die Folie zu Behältern; Fügen Sie Tomatensauce zu jeder Folienschale hinzu.

6. Fisch, Tomatenscheiben und geriebenen Käse darüber geben.

7. Backen, bis sich eine goldene Kruste bildet, etwa 20–25 Minuten

Protokoll.

8. Öffnen Sie die Packungen und geben Sie Petersilie darauf.

<u>Nährwert-Information:</u>Kalorien: 265, Fett: 15 g, Kohlenhydrate: 18 g, Protein: 22 g, Zucker: 0,5 g, Natrium: 94,6 mg

Gebratener Schellfisch mit Roter Bete

Portionen: 4

Kochzeit: 30 Minuten

Zutaten:

8 Rote Bete, geschält und in Achtel geschnitten

2 Schalotten, in dünne Scheiben geschnitten

2 Esslöffel Apfelessig

2 EL Olivenöl, geteilt

1 Teelöffel gehackter Knoblauch aus der Flasche

1 TL gehackter frischer Thymian

Eine Prise Meersalz

4 (5 oz/142 g) Schellfischfilets, abgetropftAnweisungen:

1. Den Ofen auf 205 °C (400 °F) vorheizen.

2. Rüben, Schalotten, Essig, 1 Esslöffel Olivenöl, Knoblauch, Thymian und Meersalz in einer mittelgroßen Schüssel vermischen und gut vermischen.

Die Rote-Bete-Mischung in der Auflaufform verteilen.

3. Im vorgeheizten Backofen etwa 30 Minuten rösten, dabei ein- oder zweimal mit einem Spatel wenden, bis die Rüben weich sind.

4. In der Zwischenzeit den restlichen 1 Esslöffel Olivenöl in einer großen Pfanne bei mittlerer bis hoher Hitze erhitzen.

5. Fügen Sie den Schellfisch hinzu und braten Sie ihn auf jeder Seite 4–5 Minuten lang oder bis das Fleisch undurchsichtig ist und sich leicht schälen lässt.

6. Den Fisch auf einen Teller legen und mit gerösteten Rüben servieren.

Nährwert-Information:Kalorien: 343; Fett: 8,8 g; Protein: 38,1 g; Kohlenhydrate: 20,9 g

; Ballaststoffe: 4,0 g; Zucker: 11,5 g; Natrium: 540 mg

Herzhafter Thunfischschmelz: 4

Zutaten:

3 Unzen geriebener fettarmer Cheddar-Käse

1/3 c. gehackter Sellerie

Schwarzer Pfeffer und Salz

¼ c. gehackte Zwiebel

2 englische Vollkornmuffins

6 Unzen abgetropfter Weißer Thunfisch

¼ c. fettarmer Russe

Anweisungen:

1. Heizen Sie den Grill vor. Thunfisch, Sellerie, Zwiebeln und Salatdressing vermischen.

2. Mit Salz und Pfeffer würzen.

3. Toasten Sie die englischen Muffinhälften.

4. Mit der aufgerollten Seite nach oben auf ein mit Backpapier ausgelegtes Backblech legen und jede Hälfte mit 1/4 der Thunfischmischung belegen.

5. 2-3 Minuten köcheln lassen oder bis es durchgeheizt ist.

6. Mit Käse belegen und etwa 1 Minute länger auf den Grill stellen, bis der Käse geschmolzen ist.

Nährwert-Information:Kalorien: 320, Fett: 16,7 g, Kohlenhydrate: 17,1 g, Protein: 25,7

g, Zucker: 5,85 g, Natrium: 832 mg

Portionen Zitronenlachs und Kaffernlimette: 8

Zutaten:

1 Stängel Zitronengras, geviertelt und zerdrückt

2 Kaffernlimettenblätter, zerrissen

1 dünn geschnittene Zitrone

1 ½ c. frische Korianderblätter

1 ganzes Lachsfilet

Anweisungen:

1. Den Ofen auf 350°F vorheizen.

2. Decken Sie die Backform mit Alufolie ab, sodass die Seiten überlappen. 3. Lachs auf Folie legen, mit Zitrone, Limettenblättern, Zitronengras und 1 Tasse Koriander belegen. Option: Mit Salz und Pfeffer würzen.

4. Bringen Sie die längere Seite der Folie zur Mitte, bevor Sie die Dichtung falten.

Rollen Sie die Enden, um die Lücke zu schließen.

5. 30 Minuten backen.

6. Legen Sie den gekochten Fisch auf eine Platte. Geben Sie frischen Koriander darüber.

Mit weißem oder braunem Reis servieren.

Nährwert-Information:Kalorien: 103, Fett: 11,8 g, Kohlenhydrate: 43,5 g, Protein: 18 g, Zucker: 0,7 g, Natrium: 322 mg

Zarter Lachs in Senfsauce, Portionen: 2

Zutaten:

5 EL. Gehackter Dill

2/3 c. Sauerrahm

Pfeffer.

2 EL. dijon Senf

1 Teelöffel. Knoblauchpulver

5 Unzen Lachsfilets

2-3 EL. Zitronensaft

Anweisungen:

1. Sauerrahm, Senf, Zitronensaft und Dill verrühren.

2. Die Filets mit Pfeffer und Knoblauchpulver würzen.

3. Den Lachs mit der Hautseite nach unten auf das Backblech legen und mit der vorbereiteten Senfsauce bedecken.

4. 20 Minuten bei 390 °F backen.

Nährwert-Information: Kalorien: 318, Fett: 12 g, Kohlenhydrate: 8 g, Protein: 40,9 g, Zucker: 909,4 g, Natrium: 1,4 mg

Portionen Krabbensalat: 4

Zutaten:

2 c. Krabbenfleisch

1 c. halbierte Kirschtomaten

1 EL. Olivenöl

Schwarzer Pfeffer

1 gehackte Schalotte

1/3 c. gehackter Koriander

1 EL. Zitronensaft

Anweisungen:

1. Krabben mit Tomaten und anderen Zutaten in einer Schüssel vermischen, vermischen und servieren.

Nährwert-Information:Kalorien: 54, Fett: 3,9 g, Kohlenhydrate: 2,6 g, Protein: 2,3 g, Zucker: 2,3 g, Natrium: 462,5 mg

Gebackener Lachs mit Misosauce, Portionen: 4

Kochzeit: 15-20 Minuten

Zutaten:

Soße:

¼ Tasse Apfelwein

¼ Tasse weißes Miso

1 Esslöffel Olivenöl

1 Esslöffel weißer Reisessig

⅛ TL gemahlener Ingwer

4 (3-4 oz/85-113 g) Lachsfilets ohne Knochen, 1 geschnittene Frühlingszwiebel zum Garnieren

⅛ Teelöffel rote Paprikaflocken zum Garnieren

Anweisungen:

1. Den Ofen auf 190 °C (375 °F) vorheizen.

2. Soße zubereiten: Apfelwein, weißes Miso, Olivenöl, Reisessig und Ingwer in einer kleinen Schüssel verrühren. Wenn Sie eine flüssigere Konsistenz wünschen, fügen Sie etwas Wasser hinzu.

3. Die Lachsfilets mit der Hautseite nach unten auf die Backform legen. Die vorbereitete Soße über die Filets geben, sodass sie gleichmäßig bedeckt sind.

4. Im vorgeheizten Ofen 15–20 Minuten backen oder bis der Fisch mit einer Gabel leicht zerplatzt.

5. Mit geschnittenen Zwiebeln und Paprikaflocken garnieren und servieren.

<u>Nährwert-Information:</u>Kalorien: 466; Fett: 18,4 g; Protein: 67,5 g; Kohlenhydrate: 9,1 g

; Ballaststoffe: 1,0 g; Zucker: 2,7g; Natrium: 819 mg

Mit Kräutern überzogener gebackener Kabeljau mit Honig. Portionen: 2

Zutaten:

6 EL. Füllung mit Kräutergeschmack

8 Unzen Kabeljaufilets

2 EL. Liebling

Anweisungen:

1. Ofen auf 375 0F vorheizen.

2. Sprühen Sie die Backform leicht mit Kochspray ein.

3. Geben Sie die mit Kräutern aromatisierte Füllung in den Beutel und verschließen Sie ihn. Die Füllung zerdrücken, bis sie krümelig wird.

4. Den Fisch mit Honig bestreichen und den restlichen Honig entfernen.

Geben Sie ein Filet in den Füllbeutel und schütteln Sie es vorsichtig, um den Fisch vollständig zu umhüllen.

5. Legen Sie den Kabeljau in die Backform und wiederholen Sie diesen Vorgang für die anderen Fische.

6. Wickeln Sie die Filets in Folie ein und kochen Sie sie etwa zehn Minuten lang, bis sie bei der Prüfung mit der Messerspitze fest und undurchsichtig sind.

7. Heiß servieren.

<u>Nährwert-Information:</u>Kalorien: 185, Fett: 1 g, Kohlenhydrate: 23 g, Protein: 21 g, Zucker: 2 g, Natrium: 144,3 mg

Portionen Parmesan-Kabeljau-Mischung: 4

Zutaten:

1 EL. Zitronensaft

½ c. gehackte Frühlingszwiebel

4 Kabeljaufilets ohne Knochen

3 gehackte Knoblauchzehen

1 EL. Olivenöl

½ c. geriebener fettarmer Parmesankäse

Anweisungen:

1. Eine Pfanne mit Öl bei mittlerer Hitze erhitzen, Knoblauch und Frühlingszwiebeln hinzufügen, vermischen und 5 Minuten braten.

2. Den Fisch dazugeben und auf jeder Seite 4 Minuten braten.

3. Zitronensaft hinzufügen, Parmesan darüber streuen, alles weitere 2 Minuten kochen lassen, auf Teller verteilen und servieren.

Nährwert-Information:Kalorien: 275, Fett: 22,1 g, Kohlenhydrate: 18,2 g, Protein: 12 g, Zucker: 0,34 g, Natrium: 285,4 mg

Knusprige Knoblauchgarnelenportionen: 4

Kochzeit: 10 Minuten

Zutaten:

1 Pfund Garnelen, geschält und gewürfelt

2 Teelöffel Knoblauchpulver

Pfeffer nach Geschmack

¼ Tasse Mehl

Kochspray

Anweisungen:

1. Die Garnelen mit Knoblauchpulver und Pfeffer würzen.

2. Mit Mehl bedecken.

3. Besprühen Sie den Korb Ihrer Fritteuse mit Öl.

4. Geben Sie die Garnelen in den Heißluftfritteusenkorb.

5. Bei 200 °C 10 Minuten backen, nach der Hälfte der Zeit wenden.

Portionen cremige Wolfsbarschmischung: 4

Zutaten:

1 EL. gehackte Petersilie

2 EL. Avocadoöl

1 c. Kokosnuss Creme

1 EL. Limettensaft

1 gehackte gelbe Zwiebel

¼ TL. schwarzer Pfeffer

4 Wolfsbarschfilets ohne Knochen

Anweisungen:

1. Eine Pfanne mit Öl bei mittlerer Hitze erhitzen, Zwiebeln hinzufügen, vermischen und 2 Minuten braten.

2. Den Fisch dazugeben und auf jeder Seite 4 Minuten braten.

3. Die restlichen Zutaten hinzufügen, alles weitere 4 Minuten kochen lassen, auf Teller verteilen und servieren.

Nährwert-Information:Kalorien: 283, Fett: 12,3 g, Kohlenhydrate: 12,5 g, Protein: 8 g, Zucker: 6 g, Natrium: 508,8 mg

Gurken-Ofen-Poke-Portionen: 4

Kochzeit: 0 Minuten

Zutaten:

Ofen-Poke:

1 Pfund (454 g) Thunfisch in Sushi-Qualität, in 2,5 cm große Würfel geschnitten, 3 Esslöffel Kokosnuss-Aminosäuren

3 Frühlingszwiebeln, in dünne Scheiben geschnitten

1 Serrano-Chili, entkernt und gehackt (optional) 1 Teelöffel Olivenöl

1 Teelöffel Reisessig

1 Teelöffel geröstete Sesamkörner

Etwas gemahlener Ingwer

1 große Avocado, gewürfelt

1 Gurke, in ½-Zoll-Runden geschnitten**Anweisungen:**

1. Bereiten Sie den Ahi-Thunfisch zu: Geben Sie die Ahi-Thunfischwürfel in eine große Schüssel und vermengen Sie sie mit Kokosnüssen, Zwiebeln, Serrano-Chilis (falls gewünscht), Olivenöl, Essig, Sesamkörnern und Ingwer.

2. Decken Sie die Schüssel mit Plastikfolie ab und lassen Sie sie 15 Minuten lang im Kühlschrank marinieren

Protokoll.

3. Die gewürfelte Avocado in die Ahi-Poke-Schüssel geben und umrühren.

4. Die Gurkenringe auf einem Servierteller anrichten. Heben Sie den Ofen mit einem Löffel an, stechen Sie in die Gurke und servieren Sie sie.

Nährwert-Information:Kalorien: 213; Fett: 15,1 g; Protein: 10,1 g; Kohlenhydrate: 10,8 g; Ballaststoffe: 4,0 g; Zucker: 0,6 g; Natrium: 70 mg

Minzige Kabeljau-Mischung, Portionen: 4

Zutaten:

4 Kabeljaufilets ohne Knochen

½ c. natriumarme Hühnerbrühe

2 EL. Olivenöl

¼ TL. schwarzer Pfeffer

1 EL. gehackte Minze

1 Teelöffel. abgeriebene Zitronenschale

¼ c. gehackte Schalotten

1 EL. Zitronensaft

Anweisungen:

1. Eine Pfanne mit Öl bei mittlerer Hitze erhitzen, Schalotten hinzufügen, umrühren und 5 Minuten köcheln lassen.

2. Kabeljau, Zitronensaft und andere Zutaten hinzufügen, aufkochen und bei mittlerer Hitze 12 Minuten erhitzen.

3. Alles auf Teller verteilen und servieren.

Nährwert-Information: Kalorien: 160, Fett: 8,1 g, Kohlenhydrate: 2 g, Protein: 20,5 g, Zucker: 8 g, Natrium: 45 mg

Portionen Tilapia mit Zitrone und Sahne: 4

Zutaten:

2 EL. Gehackter frischer Koriander

¼ c. fettarme Mayonnaise

Frisch gemahlener schwarzer Pfeffer

¼ c. frischer Zitronensaft

4 Tilapiafilets

½ c. geriebener fettarmer Parmesankäse

½ TL. Knoblauchpulver

Anweisungen:

1. In einer Schüssel alle Zutaten außer den Tilapiafilets und dem Koriander vermischen.

2. Die Filets gleichmäßig mit der Mayonnaisemischung bestreichen.

3. Legen Sie die Filets auf ein großes Blatt Folie. Wickeln Sie die Folie um die Filets, um sie zu verschließen.

4. Legen Sie ein Päckchen Folie auf den Boden eines großen Slow Cookers.

5. Stellen Sie den Slow Cooker auf niedrige Hitze.

6. Abdecken und 3-4 Stunden kochen lassen.

7. Mit Koriandergarnitur servieren.

Nährwert-Information:Kalorien: 133,6, Fett: 2,4 g, Kohlenhydrate: 4,6 g, Protein: 22 g, Zucker: 0,9 g, Natrium: 510,4 mg

Fisch-Taco-Portionen: 4

Kochzeit: 20 Minuten

Zutaten:

Kochspray

1 Esslöffel Olivenöl

4 Tassen Kohl

1 Esslöffel Apfelessig

1 EL Limettensaft

Eine Prise Cayennepfeffer

Pfeffer nach Geschmack

2 EL Taco-Gewürzmischung

¼ Tasse Allzweckmehl

1 Pfund gewürfelte Kabeljaufilets

4 Maistortillas

Anweisungen:

1. Fritteuse auf 400 Grad F vorheizen.

2. Besprühen Sie den Korb Ihrer Fritteuse mit Öl.

3. Olivenöl, Krautsalat, Essig, Limettensaft, Cayennepfeffer und Pfeffer in einer Schüssel vermischen.

4. Taco-Gewürz und Mehl in einer anderen Schüssel vermischen.

5. Die Fischwürfel mit der Taco-Gewürzmischung bestreichen.

6. Geben Sie sie in den Frittierkorb.

7. 10 Minuten an der Luft braten, dabei nach der Hälfte der Zeit schütteln.

8. Die Maistortillas mit der Mischung aus Fisch- und Kohlsalat bestreichen und aufrollen.

Portionen Ingwer-Wolfsbarsch-Mix: 4

Zutaten:

4 Wolfsbarschfilets ohne Knochen

2 EL. Olivenöl

1 Teelöffel. geriebener Ingwer

1 EL. gehackter Koriander

Schwarzer Pfeffer

1 EL. Balsamico Essig

Anweisungen:

1. Eine Pfanne mit Öl bei mittlerer Hitze erhitzen, den Fisch hinzufügen und 5 Minuten auf beiden Seiten braten.

2. Die restlichen Zutaten hinzufügen, alles weitere 5 Minuten kochen lassen, alles auf Teller verteilen und servieren.

Nährwert-Information:Kalorien: 267, Fett: 11,2 g, Kohlenhydrate: 1,5 g, Protein: 23 g, Zucker: 0,78 g, Natrium: 321,2 mg

Portionen Kokosgarnelen: 4

Kochzeit: 6 Minuten

Zutaten:

2 Eier

1 Tasse ungesüßte Kokosraspeln

¼ Tasse Kokosmehl

¼ Teelöffel Paprika

Etwas Cayennepfeffer

½ TL Meersalz

Mit frisch gemahlenem schwarzem Pfeffer bestreuen

¼ Tasse Kokosöl

1 Pfund (454 g) rohe Garnelen, geschält, in Scheiben geschnitten und trocken getupftAnweisungen:

1. Die Eier in einer kleinen, flachen Schüssel schaumig schlagen. Beiseite legen.

2. In einer separaten Schüssel Kokosnuss, Kokosmehl, Paprika, Cayennepfeffer, Meersalz und schwarzen Pfeffer vermischen und gut vermischen.

3. Tauchen Sie die Garnelen in die geschlagenen Eier und bestreichen Sie sie dann mit der Kokosnussmischung. Den Überschuss abschütteln.

4. Erhitzen Sie das Kokosöl in einer großen Pfanne bei mittlerer bis hoher Hitze.

5. Fügen Sie die Garnelen hinzu und kochen Sie sie unter gelegentlichem Rühren 3–6 Minuten lang oder bis das Fruchtfleisch vollständig rosa und undurchsichtig ist.

6. Geben Sie die gekochten Garnelen zum Abtropfen auf einen mit Papiertüchern bedeckten Teller. Warm servieren.

Nährwert-Information:Kalorien: 278; Fett: 1,9 g; Protein: 19,2 g; Kohlenhydrate: 5,8 g; Ballaststoffe: 3,1 g; Zucker: 2,3 g; Natrium: 556 mg

Portionen Schweinefleisch mit Muskatnuss: 4

Kochzeit: 35 Minuten

Zutaten:

1 kg Schweinefleischeintopf, gewürfelt

1 Zucchini, geschält und gewürfelt

1 gelbe Zwiebel, gehackt

2 EL Olivenöl

2 Knoblauchzehen, gehackt

½ Teelöffel Garam Masala

½ TL Muskatnuss, gemahlen

1 Teelöffel Chiliflocken, zerstoßen

1 Esslöffel Balsamico-Essig

Eine Prise Meersalz und schwarzer Pfeffer

Anweisungen:

1. Eine Pfanne mit Öl auf mittlerer bis hoher Hitze erhitzen, Zwiebel und Knoblauch hinzufügen und 5 Minuten braten.

2. Das Fleisch dazugeben und weitere 5 Minuten anbraten.

3. Die restlichen Zutaten hinzufügen, vermischen, bei mittlerer Hitze 25 Minuten kochen, auf Teller verteilen und servieren.

Nährwert-Information:Kalorien 348, Fett 18,2, Ballaststoffe 2,1, Kohlenhydrate 11,4, Protein 34,3

Zitronenbutter-Garnelenreis-Portionen: 3

Kochzeit: 10 Minuten

Zutaten:

¼ Tasse gekochter Wildreis

½ TL. Oder geteilt

¼ TL. Olivenöl

1 Tasse rohe Garnelen, geschält, abgetropft, abgetropft ¼ Tasse gefrorene Erbsen, aufgetaut, abgespült, abgetropft

1 EL. Zitronensaft, frisch gepresst

1 EL. Schnittlauch, gehackt

Eine Prise Meersalz nach Geschmack

Anweisungen:

1. ¼ TL einschenken. Butter und Öl bei mittlerer Hitze in einen Wok geben. Garnelen und Erbsen hinzufügen. Etwa 5-7 Minuten braten, bis die Garnelen korallenrosa sind

Protokoll.

2. Wildreis hinzufügen und kochen, bis er gut erhitzt ist – mit Salz und Butter würzen.

3. Auf einen Teller geben. Mit Schnittlauch und Zitronensaft bestreuen.

Aufschlag.

Nährwert-Information:Kalorien 510 Kohlenhydrate: 0 g Fett: 0 g Protein: 0 g

Garnelen-Limetten-Teig mit Zucchini und Mais, Portionen: 4

Kochzeit: 20 Minuten

Zutaten:

1 EL natives Olivenöl extra

2 kleine Zucchini, in ¼-Zoll-Würfel geschnitten

1 Tasse gefrorene Maiskörner

2 Zwiebeln, in dünne Scheiben geschnitten

1 Teelöffel Salz

½ Teelöffel gemahlener Kreuzkümmel

½ Teelöffel Chipotle-Chilipulver

1 Kilo geschälte Garnelen, bei Bedarf aufgetaut

1 Esslöffel fein gehackter frischer Koriander

Schale und Saft von 1 Limette

Anweisungen:

1. Ofen auf 400 °F vorheizen. Fetten Sie das Backblech mit Öl ein.

2. Zucchini, Mais, Zwiebeln, Salz, Kreuzkümmel und Chilipulver auf einem Backblech mischen und gut vermischen. In einer einzigen Schicht verteilen.

3. Garnelen hinzufügen. 15–20 Minuten rösten.

4. Koriander, Limettenschale und -saft hinzufügen, umrühren und servieren.

Nährwert-Information:Kalorien: 184 Gesamtfett: 5 g Gesamtkohlenhydrate: 11 g Zucker: 3 g Ballaststoffe: 2 g Protein: 26 g Natrium: 846 mg

Portionen Blumenkohlsuppe: 10

Kochzeit: 10 Minuten

Zutaten:

¾ Tasse Wasser

2 Teelöffel Olivenöl

1 Zwiebel, gehackt

1 Kopf Blumenkohl, nur Röschen

1 Dose vollfette Kokosmilch

1 Teelöffel Kurkuma

1 Teelöffel Ingwer

1 Teelöffel roher Honig

Anweisungen:

1. Alle Zutaten in einen großen Topf geben und etwa 10 Grad kochen lassen Protokoll.

2. Die Suppe mit einem Mixer pürieren und glatt rühren.

Aufschlag.

Nährwert-Information: Gesamtkohlenhydrate: 7 g Ballaststoffe: 2 g
Nettokohlenhydrate: Protein: 2 g Gesamtfette: 11 g Kalorien: 129

Portionen Süßkartoffel-Schwarzbohnen-Burger:

6

Kochzeit: 10 Minuten

Zutaten:

1/2 Jalapeno, entkernt und gewürfelt

1/2 Tasse Quinoa

6 Vollkorn-Hamburgerbrötchen

1 Dose schwarze Bohnen, abgespült und abgetropft

Olivenöl/Kokosöl zum Kochen

1 Süßkartoffel

1/2 Tasse rote Zwiebel, gehackt

4 Esslöffel glutenfreies Hafermehl

2 Knoblauchzehen, gehackt

2 Teelöffel scharfes Cajun-Gewürz

1/2 Tasse Koriander, gehackt

1 Teelöffel Kreuzkümmel

Schießt

Salz, nach Geschmack

Pfeffer, nach Geschmack

Für die Crema:

2 Esslöffel Koriander, gehackt

1/2 reife Avocado, gewürfelt

4 Esslöffel fettarme saure Sahne/griechischer Joghurt 1 Teelöffel Limettensaft

Anweisungen:

1. Spülen Sie die Quinoa unter fließendem kaltem Wasser ab. Geben Sie eine Tasse Wasser in einen Topf und erhitzen Sie es. Quinoa hinzufügen und zum Kochen bringen.

2. Mit einem Deckel abdecken und bei schwacher Hitze etwa 15 Minuten köcheln lassen, bis das gesamte Wasser aufgesogen ist.

3. Schalten Sie den Herd aus und lockern Sie den Quinoa mit einer Gabel auf. Anschließend den Quinoa in eine Schüssel geben und 5-10 Minuten abkühlen lassen.

4. Stechen Sie die Kartoffel mit einer Gabel ein und stellen Sie sie dann einige Minuten lang in die Mikrowelle, bis sie durchgegart und weich ist. Nach dem Kochen die Kartoffeln schälen und abkühlen lassen.

5. Geben Sie die gekochten Kartoffeln zusammen mit 1 Dose schwarzen Bohnen, ½ Tasse gehacktem Koriander, 2 Teelöffeln Cajun-Gewürz und ½ in eine Küchenmaschine

eine Tasse gewürfelte Zwiebel, 1 Teelöffel Kreuzkümmel und 2 gehackte Knoblauchzehen.

Pulsieren, bis eine glatte Mischung entsteht. Geben Sie es in eine Schüssel und fügen Sie die gekochte Quinoa hinzu.

6. Hafermehl/Haferkleie hinzufügen. Gut vermischen und zu 6 Broten formen. Die Patties auf ein Backblech legen und für etwa eine halbe Stunde in den Kühlschrank stellen.

7. Geben Sie alle Crema-Zutaten in eine Küchenmaschine. Pulsieren, bis eine glatte Masse entsteht. Mit Salz abschmecken und im Kühlschrank aufbewahren.

8. Eine Bratpfanne mit Öl einfetten und bei mittlerer Hitze erhitzen.

Backen Sie den Laib nur 3-4 Minuten lang, bis er auf beiden Seiten hellgolden ist.

Mit Sahne, Sprossen, Brötchen und einem Ihrer Lieblingszutaten servieren.

Nährwert-Information: 206 Kalorien, 6 g Fett, 33,9 g Gesamtkohlenhydrate, 7,9 g Protein

Portionen Kokos-Pilz-Suppe: 3

Kochzeit: 10 Minuten

Zutaten:

1 Esslöffel Kokosöl

1 Esslöffel gemahlener Ingwer

1 Tasse Cremini-Pilze, gehackt

½ TL Kurkuma

2 ½ Tassen Wasser

½ Tasse Kokosmilch aus der Dose

Meersalz nach Geschmack

Anweisungen:

1. Das Kokosöl in einem großen Topf bei mittlerer Hitze erhitzen und die Pilze hinzufügen. 3-4 Minuten kochen lassen.

2. Die restlichen Zutaten dazugeben und kochen. 5 Minuten köcheln lassen.

3. Auf drei Suppentassen verteilen und genießen!

Nährwert-Information: Gesamtkohlenhydrate: 4 g Ballaststoffe: 1 g Protein: 2 g Gesamtfett: 14 g Kalorien: 143

Portionen Winterfruchtsalat: 6

Kochzeit: 0 Minuten

Zutaten:

4 gekochte Süßkartoffeln, gewürfelt (2,5 cm große Würfel) 3 Birnen, gewürfelt (2,5 cm große Würfel)

1 Tasse Weintrauben, halbiert

1 Apfel, gewürfelt

½ Tasse Pekannusshälften

2 Esslöffel Olivenöl

1 Esslöffel Rotweinessig

2 Esslöffel roher Honig

Anweisungen:

1. Für die Soße Olivenöl, Rotweinessig und rohen Honig vermischen und beiseite stellen.

2. Die gehackten Früchte sowie die Süßkartoffel- und Pekannusshälften vermengen und auf sechs Schüsseln verteilen. Über jede Schüssel Soße träufeln.

Nährwert-Information: Gesamtkohlenhydrate: 40 g Ballaststoffe: 6 g Protein: 3 g Gesamtfett: 11 g Kalorien: 251

Gebratene Hähnchenschenkel für Männer mit Karotten. Portionen: 4

Kochzeit: 50 Minuten

Zutaten:

2 Esslöffel ungesalzene Butter, zimmerwarm, 3 große Karotten, in dünne Scheiben geschnitten

2 Knoblauchzehen, gehackt

4 Hähnchenschenkel mit Knochen und Haut

1 Teelöffel Salz

½ TL getrockneter Rosmarin

¼ Teelöffel frisch gemahlener schwarzer Pfeffer

2 Esslöffel Honig

1 Tasse Hühner- oder Gemüsebrühe

Zitronenschnitze zum Servieren

Anweisungen:

1. Ofen auf 400 °F vorheizen. Ein Backblech mit Butter einfetten.

2. Karotten und Knoblauch in einer Schicht auf dem Backblech verteilen.

3. Das Hähnchen mit der Hautseite nach oben auf das Gemüse legen und mit Salz, Rosmarin und Pfeffer würzen.

4. Honig darüber geben und Brühe hinzufügen.

5. 40-45 Minuten rösten. Herausnehmen, dann 5 stehen lassen

Minuten braten und mit Zitronenscheiben servieren.

Nährwert-Information:Kalorien 428 Gesamtfett: 28 g Gesamtkohlenhydrate: 15 g Zucker: 11 g Ballaststoffe: 2 g Protein: 30 g Natrium: 732 mg

Puten-Chili-Portionen: 8

Kochzeit: 4 Stunden und 10 Minuten

Zutaten:

1 Pfund gemahlener Truthahn, vorzugsweise 99 % mager

2 Dosen rote Bohnen, abgespült und abgetropft (je 15 oz), 1 rote Paprika, gehackt

2 Dosen Tomatensauce (je 15 oz)

1 Dose geschnittene, gezähmte Jalapenopfeffer, abgetropft (16 oz), 2 Dosen kleine Tomaten, gewürfelt (je 15 oz), 1 EL Kreuzkümmel

1 gelbe Paprika, grob gehackt

2 Dosen schwarze Bohnen, vorzugsweise abgespült und abgetropft (je 15 Unzen) 1 Tasse Mais, gefroren

2 Esslöffel Chilipulver

1 Esslöffel Olivenöl

Schwarzer Pfeffer und Salz nach Geschmack

1 mittelgroße Zwiebel, gehackt

Frühlingszwiebeln, Avocado, geriebener Käse, griechischer Joghurt/Sauerrahm darüber, optional

Anweisungen:

1. Das Öl in einer großen Pfanne erhitzen. Wenn der Truthahn fertig ist, legen Sie ihn vorsichtig in die heiße Pfanne und braten Sie ihn an, bis er braun ist. Gießen Sie den Truthahn auf den Boden Ihres Slow Cookers, vorzugsweise 6 Liter.

2. Jalapeños, Mais, Paprika, Zwiebeln, Tomatenwürfel, Tomatensauce, Bohnen, Kreuzkümmel und Chilipulver hinzufügen. Umrühren, dann mit Pfeffer und Salz abschmecken.

3. Abdecken und 6 Stunden auf niedriger Stufe oder 4 Stunden auf hoher Stufe garen.

Mit optionalen Toppings servieren und genießen.

Nährwert-Information:kcal 455 Fette: 9 g Ballaststoffe: 19 g Proteine: 38 g

Linsensuppe mit Gewürzen Portionen: 5

Kochzeit: 25 Minuten

Zutaten:

1 Tasse gelbe Zwiebel (gewürfelt)

1 Tasse Karotten (gewürfelt)

1 Tasse Rüben

2 EL natives Olivenöl extra

2 EL Balsamico-Essig

4 Tassen Babyspinat

2 Tassen braune Linsen

¼ Tasse frische Petersilie

Anweisungen:

1. Den Schnellkochtopf auf mittlerer Flamme erhitzen und Olivenöl und Gemüse hinzufügen.

2. Nach 5 Minuten Brühe, Linsen und Salz in den Topf geben und 15 Minuten köcheln lassen.

3. Nehmen Sie den Deckel ab und geben Sie Spinat und Essig hinzu.

4. Rühren Sie die Suppe 5 Minuten lang um und schalten Sie die Flamme aus.

5. Mit frischer Petersilie garnieren.

Nährwert-Information:Kalorien 96 Kohlenhydrate: 16 g Fett: 1 g Protein: 4 g

Portionen Knoblauchhähnchen und Gemüse: 4

Kochzeit: 45 Minuten

Zutaten:

2 TL natives Olivenöl extra

1 Lauch, nur der weiße Teil, in dünne Scheiben geschnitten

2 große Zucchini, in ¼-Zoll-Scheiben geschnitten

4 Hähnchenbrustfilets mit Knochen und Haut

3 Knoblauchzehen, gehackt

1 Teelöffel Salz

1 Teelöffel getrockneter Oregano

¼ Teelöffel frisch gemahlener schwarzer Pfeffer

½ Tasse Weißwein

Saft von 1 Zitrone

Anweisungen:

1. Ofen auf 400 °F vorheizen. Fetten Sie das Backblech mit Öl ein.

2. Lauch und Zucchini auf das Backblech legen.

3. Legen Sie das Hähnchen mit der Hautseite nach oben darauf und bestreuen Sie es mit Knoblauch, Salz, Oregano und Pfeffer. Wein hinzufügen.

4. 35-40 Minuten rösten. Herausnehmen und 5 Minuten ruhen lassen.

5. Zitronensaft hinzufügen und servieren.

Nährwert-Information:Kalorien 315 Gesamtfett: 8 g Gesamtkohlenhydrate: 12 g Zucker: 4 g Ballaststoffe: 2 g Protein: 44 g Natrium: 685 mg

Portionen Räucherlachssalat: 4

Kochzeit: 20 Minuten

Zutaten:

2 Babyfenchelknollen, in dünne Scheiben geschnitten, einige Blätter beiseite gelegt, 1 Esslöffel gesalzene Babykapern, abgespült, abgetropft, ½ Tasse Naturjoghurt

2 EL Petersilie, gehackt

1 Esslöffel Zitronensaft, frisch gepresst

2 Esslöffel frischer Schnittlauch, gehackt

1 Esslöffel gehackter frischer Estragon

180 g geräucherter Lachs in Scheiben, wenig Salz

½ rote Zwiebel, in dünne Scheiben geschnitten

1 Teelöffel Zitronenschale, fein gerieben

½ Tasse französische grüne Linsen, abgespült

60 g frischer Babyspinat

½ Avocado, in Scheiben geschnitten

Eine Prise Puderzucker

Anweisungen:

1. Wasser in einen großen Topf mit Wasser geben und bei mittlerer Hitze zum Kochen bringen. Beim Kochen; Die Linsen 20 Minuten lang weich kochen; gut abtropfen lassen.

2. In der Zwischenzeit die Grillpfanne auf hoher Stufe vorheizen.

Etwas Öl über die Fenchelscheiben träufeln und weich kochen, 2

Minuten pro Seite.

3. Schnittlauch, Petersilie, Joghurt, Estragon, Zitronenschale und Kapern in einer Küchenmaschine glatt rühren und anschließend mit Pfeffer würzen.

4. Die Zwiebel mit Zucker, Saft und einer Prise Salz in eine große Rührschüssel geben. Einige Minuten ruhen lassen und dann abtropfen lassen.

5. In einer großen Rührschüssel die Linsen mit Zwiebeln, Fenchel, Avocado und Spinat vermischen. Gleichmäßig auf Teller verteilen und dann mit Fisch belegen. Mit den restlichen Fenchelblättern und weiterer frischer Petersilie bestreuen. Mit Green-Goddess-Dressing beträufeln. Genießen.

Nährwert-Information:kcal 368 Fette: 14 g Ballaststoffe: 8 g Proteine: 20 g

Portionen Bohnen-Shawarma-Salat: 2

Kochzeit: 20 Minuten

Zutaten:

Zur Salatzubereitung

20 Pita-Chips

5 Unzen Frühlingssalat

10 Kirschtomaten

¾ Tasse frische Petersilie

¼ Tasse rote Zwiebel (gehackt)

Für Kichererbsen

1 Esslöffel Olivenöl

1 Esslöffel Kreuzkümmel und Kurkuma

½ Esslöffel Paprika- und Korianderpulver 1 Prise schwarzer Pfeffer

½ knappes koscheres Salz

¼ EL Ingwer- und Zimtpulver

Um das Outfit vorzubereiten

3 Knoblauchzehen

1 EL getrockneter Borretsch

1 EL Limettensaft

Wasser

½ Tasse Hummus

Anweisungen:

1. Stellen Sie den Rost in einen bereits vorgeheizten Backofen (204 °C). Die Kichererbsen mit allen Gewürzen und Kräutern vermischen.

2. Eine dünne Schicht Kichererbsen auf das Backblech legen und fast 20 Minuten backen. Kochen, bis die Bohnen goldbraun sind.

3. Um die Sauce zuzubereiten, alle Zutaten in einer Schaumschüssel vermischen und verrühren. Fügen Sie nach und nach Wasser hinzu, um eine geeignete Konsistenz zu erreichen.

4. Für die Salatzubereitung alle Kräuter und Gewürze vermischen.

5. Zum Servieren Pita-Chips und Bohnen zum Salat geben und mit Dressing beträufeln.

Nährwert-Information:Kalorien 173 Kohlenhydrate: 8 g Fett: 6 g Protein: 19 g

Portionen gebratener Reis mit Ananas: 4

Kochzeit: 20 Minuten

Zutaten:

2 Karotten, geschält und gerieben

2 Frühlingszwiebeln, in Scheiben geschnitten

3 Esslöffel Sojasauce

1/2 Tasse Schinken, gewürfelt

1 EL Sesamöl

2 Tassen Dosen-/frische Ananas, gehackt

1/2 TL Ingwerpulver

3 Tassen brauner Reis, gekocht

1/4 Teelöffel weißer Pfeffer

2 EL Olivenöl

1/2 Tasse gefrorene Erbsen

2 Knoblauchzehen, gehackt

1/2 Tasse gefrorener Mais

1 Zwiebel, gehackt

Anweisungen:

1. 1 Esslöffel Sesamöl, 3 Esslöffel Sojasauce, 2 Prisen weißer Pfeffer und 1/2 Teelöffel Ingwerpulver in eine Schüssel geben. Gut vermischen und beiseite stellen.

2. Öl in einer Pfanne erhitzen. Den Knoblauch zusammen mit der gehackten Zwiebel hinzufügen.

Unter häufigem Rühren etwa 3–4 Minuten kochen lassen.

3. Fügen Sie 1/2 Tasse gefrorene Erbsen, geriebene Karotten und 1/2 Tasse gefrorenen Mais hinzu.

Nur ein paar Minuten rühren, bis das Gemüse weich ist.

4. Mischen Sie eine Sojasaucenmischung, 2 Tassen gewürfelte Ananas, ½ Tasse gehackten Schinken, 3 Tassen gekochten braunen Reis und geschnittene Frühlingszwiebeln.

Unter häufigem Rühren etwa 2-3 Minuten kochen lassen. Aufschlag!

Nährwert-Information:252 Kalorien, 12,8 g Fett, 33 g Gesamtkohlenhydrate, 3 g Protein

Linsensuppenportionen: 2

Kochzeit: 30 Minuten

Zutaten:

2 Karotten, mittelgroß und gewürfelt

2 EL. Zitronensaft, frisch

1 EL. Kurkumapulver

1/3 Tasse Linsen, gekocht

1 EL. Gehackte Mandeln

1 Selleriestange, gehackt

1 Bund Petersilie, frisch gehackt

1 gelbe Zwiebel, groß und gehackt

Schwarzer Pfeffer, frisch gemahlen

1 Pastinake, mittelgroß und gehackt

½ TL. Kreuzkümmelpulver

3 ½ Tassen Wasser

½ TL. Rosa Himalaya-Salz

4 Grünkohlblätter, grob gehackt

Anweisungen:

1. Zunächst Karotte, Pastinake, einen Esslöffel Wasser und Zwiebel in einen mittelgroßen Topf geben und bei mittlerer Hitze erhitzen.

2. Kochen Sie die Gemüsemischung 5 Minuten lang und rühren Sie dabei gelegentlich um.

3. Als nächstes die Linsen und Gewürze untermischen. Gut kombinieren.

4. Anschließend Wasser in den Topf gießen und die Mischung aufkochen lassen.

5. Reduzieren Sie nun die Hitze und lassen Sie es 20 Minuten köcheln

Protokoll.

6. Vom Herd nehmen und vom Herd nehmen. Grünkohl, Zitronensaft, Petersilie und Salz hinzufügen.

7. Dann gut vermischen, bis alles gut vermischt ist.

8. Mandeln hinzufügen und heiß servieren.

Nährwert-Information:Kalorien: 242 Kcal Proteine: 10 g Kohlenhydrate: 46 g Fette: 4 g

Köstlicher Thunfischsalat, Portionen: 2

Kochzeit: 15 Minuten

Zutaten:

2 Dosen Thunfisch in Wasser eingelegt (je 5 oz), abgetropft ¼ Tasse Mayonnaise

2 Esslöffel frisches Basilikum, gehackt

1 Esslöffel Zitronensaft, frisch gepresst

2 Esslöffel feuergeröstete rote Paprika, gehackt ¼ Tasse Kalamata oder gemischte Oliven, gehackt

2 große Strauchtomaten

1 EL Kapern

2 EL rote Zwiebel, gehackt

Pfeffer und Salz nach Geschmack

Anweisungen:

1. Alle Zutaten (außer Tomaten) in eine große Rührschüssel geben; Mischen Sie die Zutaten gut, bis alles gut vermischt ist.

Schneiden Sie die Tomaten in Sechstel und hebeln Sie sie dann vorsichtig auf. Die vorbereitete Thunfischsalatmischung in die Mitte löffeln; Sofort servieren und genießen.

<u>Nährwert-Information:</u>kcal 405 Fette: 24 g Ballaststoffe: 3,2 g Proteine: 37 g

Aioli mit Ei Portionen: 12

Kochzeit: 0 Minuten

Zutaten:

2 Eigelb

1 Knoblauch, gerieben

2 EL. Wasser

½ Tasse natives Olivenöl extra

¼ Tasse Zitronensaft, frisch gepresst, Kerne entfernt ¼ TL. Meersalz

Etwas Cayennepfefferpulver

Eine Prise weißer Pfeffer nach Geschmack

Anweisungen:

1. Knoblauch, Eigelb, Salz und Wasser in einen Mixer geben; glatt rühren. Gießen Sie das Olivenöl in einem langsamen Strahl hinzu, bis die Sauce emulgiert.

2. Die restlichen Zutaten hinzufügen. Schmecken; Bei Bedarf nachwürzen.

In einen luftdichten Behälter füllen; nach Bedarf verwenden.

Nährwert-Information: Kalorien 100 Kohlenhydrate: 1 g Fett: 11 g Protein: 0 g

Spaghettinudeln mit Kräuter-Pilz-Sauce:

200 Gramm (6,3 oz) große Portionspackung dünne Weizenspaghetti rund *

140 Gramm gereinigte gehackte Champignons 12-15 Stück*

¼ Tasse Sahne

3 Tassen Milch

2 Esslöffel Olivenöl, plus weitere 2 Teelöffel Öl oder geschmolzene Margarine zu 1,5 Esslöffel Mehl hinzufügen

½ Tasse gehackte Zwiebel

¼ bis ½ Tasse Parmesan-Cheddar, fein gemahlen

Ein paar Stücke schwarzer Pfeffer

Salz nach Geschmack

2 Teelöffel getrockneter oder frischer Thymian *

Ein Bund frischer Chiffon-Basilikumblätter

Anweisungen:

1. Kochen Sie die Nudeln, bis sie hart sind, wie auf der Packung angegeben.

2. Während die Nudeln kochen, sollten wir mit der Zubereitung der Soße beginnen.

3. Erhitzen Sie 3 Tassen Milch 3 Minuten lang in der Mikrowelle oder auf dem Herd, bis sie köcheln.

4. In der Zwischenzeit 2 Esslöffel Öl in einer beschichteten Pfanne auf mittlerer bis hoher Stufe erhitzen und die gehackten Pilze darin anbraten. Etwa 2 Minuten kochen lassen

Protokoll.

5. Die Pilze geben von Anfang an etwas Wasser ab, dann verdunstet es nach längerer Zeit und wird frisch.

6. Reduzieren Sie die Hitze auf mittlere Stufe, fügen Sie die Zwiebel hinzu und kochen Sie sie 1 Minute lang.

7. Geben Sie sofort 2 Teelöffel des aufgeweichten Aufstrichs hinzu und streuen Sie etwas Mehl darüber.

8. 20 Sekunden lang mixen.

9. Rühren Sie die warme Milch kontinuierlich um, bis eine glatte Sauce entsteht.

10. Wenn die Soße eindickt, d. h. zu einem Eintopf wird, schalten Sie den Herd aus.

11. Fügen Sie nun ¼ Tasse geriebenen Parmesan-Cheddar hinzu. Mischen, bis eine glatte Masse entsteht. für 30 Sekunden.

12. Sofort Salz, Pfeffer und Thymian hinzufügen.

13. Probieren Sie es aus. Bei Bedarf die Gewürze wechseln.

14. In der Zwischenzeit sollten die Nudeln beim Blasen noch etwas hart sein.

15. Das warme Wasser durch ein Sieb abseihen. Halten Sie den Wasserhahn offen und gießen Sie kaltes Wasser ein, um das Kochen zu stoppen. Lassen Sie das gesamte Wasser ab und gießen Sie es mit der Soße ein.

16. Wenn Sie nicht gleich essen möchten, rühren Sie die Nudeln nicht in der Soße um. Bewahren Sie die Nudeln getrennt auf, bestreichen Sie sie mit Öl und fixieren Sie sie.

17. Warm servieren und mit Parmesan-Cheddar bestreuen.

Rate!

Brauner Reis und Shitake-Miso-Suppe mit Frühlingszwiebeln

Portionen: 4

Kochzeit: 45 Minuten

Zutaten:

2 EL Sesamöl

1 Tasse dünn geschnittene Shiitake-Pilzkappen

1 Knoblauchzehe, gehackt

1 (1½ Zoll) Stück frischer Ingwer, geschält und in Scheiben geschnitten, 1 Tasse mittelkörniger brauner Reis

½ TL Salz

1 EL weißes Miso

2 Zwiebeln, in dünne Scheiben geschnitten

2 Esslöffel fein gehackter frischer Koriander<u>Anweisungen:</u>

1. Erhitzen Sie das Öl in einem großen Topf bei mittlerer bis hoher Hitze.

2. Pilze, Knoblauch und Ingwer dazugeben und ca. 5 Minuten anbraten, bis die Pilze weich werden.

3. Geben Sie den Reis hinein und rühren Sie um, sodass das Öl gleichmäßig bedeckt ist. 2 Tassen Wasser und Salz hinzufügen und zum Kochen bringen.

4. 30-40 Minuten köcheln lassen. Geben Sie etwas Suppenbrühe hinzu, um das Miso weicher zu machen, und rühren Sie es dann in den Topf, bis alles gut vermischt ist.

5. Frühlingszwiebeln und Koriander unterrühren und servieren.

Nährwert-Information:Kalorien 265 Gesamtfett: 8 g Gesamtkohlenhydrate: 43 g Zucker: 2 g Ballaststoffe: 3 g Protein: 5 g Natrium: 456 mg

Gegrillte Meerforelle mit Knoblauch-Petersilien-Sauce

Portionen: 8

Kochzeit: 25 Minuten

Zutaten:

3,5 Pfund Forellenfilet, vorzugsweise Meerforelle, ohne Gräten, mit Haut

4 Knoblauchzehen, in dünne Scheiben geschnitten

2 EL Kapern, grob gehackt

½ Tasse glatte Petersilienblätter, frisch

1 rote Chili, vorzugsweise lang; in dünne Scheiben geschnittene 2 Esslöffel Zitronensaft, frisch gepresste ½ Tasse Olivenöl

Zitronenscheiben zum Servieren

Anweisungen:

1. Die Forelle mit etwa 2 Esslöffeln Öl bestreichen; Stellen Sie sicher, dass alle Seiten gut bedeckt sind. Heizen Sie Ihren Grill auf hohe Hitze vor, am besten bei geschlossener Haube. Hitze auf mittlere Stufe reduzieren; Legen Sie die umhüllte Forelle möglichst mit der Hautseite nach oben auf die

Grillplatte. Einige Minuten kochen, bis es teilweise gar und goldbraun ist. Die Forelle vorsichtig wenden; Bei geschlossenem Deckel 12–15 Minuten garen, bis es gar ist. Übertragen Sie das Filet auf eine große Servierplatte.

2. In der Zwischenzeit das restliche Öl erhitzen; Knoblauch in einem kleinen Topf bei schwacher Hitze erhitzen; Der Knoblauch beginnt, seine Farbe zu ändern. Herausnehmen, dann Kapern, Zitronensaft und Chili unterrühren.

Die vorbereitete Soße über die Forelle träufeln und mit frischen Petersilienblättern bestreuen. Sofort mit frischen Zitronenschnitzen servieren und genießen.

Nährwert-Information:kcal 170 Fette: 30 g Ballaststoffe: 2 g Proteine: 37 g

Zusammensetzung der Curry-Blumenkohl-Kichererbsen-Wraps:

1 frischer Ingwer

2 Knoblauchzehen

1 Dose Kichererbsen

1 rote Zwiebel

8 Unzen Blumenkohlröschen

1 TL Garam Masala

2 Esslöffel Pfeilwurzstärke

1 Zitrone

1 Packung Koriander frisch

1/4 Tasse veganer Joghurt

4 Fälle

3 Esslöffel Kokosraspeln

4 Unzen Babyspinat

1 Esslöffel Pflanzenöl

1 Teelöffel Salz und Pfeffer nach Geschmack

Anweisungen:

1. Den Ofen auf 205 °C (400 °F) vorheizen. 1 Teelöffel Ingwer abstreifen und fein hacken. Den Knoblauch hacken. Die Kichererbsen abtropfen lassen und waschen. Die rote Zwiebel abstreifen und leicht hacken. Eine Zitrone in Scheiben schneiden.

2. Fetten Sie die Kochplatte mit 1 Esslöffel Pflanzenöl ein. In einer großen Schüssel gehackten Ingwer, Knoblauch, Saft einer großen Zitrone, Kichererbsen, gehackte rote Zwiebeln, Blumenkohlröschen, Garam Masala, Pfeilwurzstärke und 1/2 Teelöffel Salz vermischen. Auf ein Backblech geben und im Grill rösten, bis der Blumenkohl zart und stellenweise geschmort ist, etwa 20 bis 25 Minuten.

3. Schneiden Sie die Korianderblätter und zarten Stängel ab. In einer kleinen Schüssel Koriander, Joghurt, 1 Esslöffel Zitronensaft sowie etwas Salz und Pfeffer vermischen.

4. Legen Sie die Verpackungen mit Folie aus und legen Sie sie zum Aufwärmen etwa 3–4 Minuten lang in den Ofen.

5. Stellen Sie eine kleine beschichtete Pfanne auf mittlere Hitze und geben Sie die Kokosraspeln hinein. Unter regelmäßigem Schütteln das Gericht ca. 2 bis 3 Minuten rösten, bis es weich ist.

6. Den Babyspinat und das gekochte Gemüse zwischen den warmen Wraps lassen. Die Blumenkohl-Kichererbsen-Wraps auf großen Tellern anrichten und mit der Koriandersauce beträufeln. Mit gerösteter Kokosnuss bestreuen

Portionen Buchweizennudelsuppe: 4

Kochzeit: 25 Minuten

Zutaten:

2 Tassen Bok Choy, gehackt

3 EL. Tamara

3 Bündel Buchweizennudeln

2 Tassen Edamame-Bohnen

7 Unzen Shiitake-Pilze, gehackt

4 Tassen Wasser

1 Teelöffel. Geriebener Ingwer

Ein bisschen Salz

1 Knoblauchzehe, gerieben

Anweisungen:

1. Geben Sie zunächst Wasser, Ingwer, Sojasauce und Knoblauch bei mittlerer Hitze in einen mittelgroßen Topf.

2. Die Ingwer-Sojasauce-Mischung zum Kochen bringen, dann Edamame und Shiitake unterrühren.

3. Weitere 7 Minuten backen oder bis es weich ist.

4. Als nächstes kochen Sie die Soba-Nudeln gemäß den Anweisungen in der Packung, bis sie gar sind. Gut waschen und abtropfen lassen.

5. Geben Sie nun den Pak Choi zur Shiitake-Mischung und kochen Sie ihn eine weitere Minute lang oder bis der Pak Choi zusammengefallen ist.

6. Zum Schluss die Soba-Nudeln auf Servierschüsseln verteilen und über die Pilzmischung gießen.

Nährwert-Information:Kalorien: 234 Kcal Proteine: 14,2 g Kohlenhydrate: 35,1 g Fette: 4 g

Einfache Portionen Lachssalat: 1

Kochzeit: 0 Minuten

Zutaten:

1 Tasse Bio-Rucola

1 Dose wild gefangener Lachs

½ Avocado, in Scheiben geschnitten

1 Esslöffel Olivenöl

1 TL Dijon-Senf

1 Teelöffel Meersalz

Anweisungen:

1. Mischen Sie zunächst Olivenöl, Dijon-Senf und Meersalz in einer Schüssel, um das Dressing herzustellen. Beiseite legen.

2. Machen Sie einen Salat aus Rucola und belegen Sie ihn mit Lachs und Avocadoscheiben.

3. Mit Soße beträufeln.

Nährwert-Information: Gesamtkohlenhydrate: 7 g Ballaststoffe: 5 g Protein: 48 g Gesamtfett: 37 g Kalorien: 553

Portionen Gemüsesuppe: 4

Kochzeit: 40 Minuten

Zutaten:

1 EL. Kokosnussöl

2 Tassen Grünkohl, gehackt

2 Selleriestangen, gehackt

½ von 15 oz. Dose weiße Bohnen, abgetropft und abgespült 1 Zwiebel, groß und gehackt

¼ TL. Schwarzer Pfeffer

1 Karotte, mittelgroß und gewürfelt

2 Tassen Blumenkohl, in Röschen geschnitten

1 Teelöffel. Kurkuma, gemahlen

1 Teelöffel. Meersalz

3 Knoblauchzehen, gehackt

6 Tassen Gemüsebrühe

Anweisungen:

1. Erhitzen Sie zunächst das Öl in einem großen Topf bei mittlerer bis niedriger Hitze.

2. Die Zwiebel in den Topf geben und 5 Minuten köcheln lassen, bis sie weich ist.

3. Die Karotte und den Sellerie in den Topf geben und weitere 4 Minuten kochen lassen oder bis das Gemüse weich ist.

4. Nun mit einem Löffel Kurkuma, Knoblauch und Ingwer zu der Mischung hinzufügen. Gründlich mischen.

5. Kochen Sie die Gemüsemischung 1 Minute lang oder bis sie duftet.

6. Anschließend die Gemüsebrühe mit Salz und Pfeffer aufgießen und die Mischung aufkochen lassen.

7. Wenn es zu kochen beginnt, Blumenkohl hinzufügen. Reduzieren Sie die Hitze und lassen Sie die Gemüsemischung 13–15 Minuten köcheln, bis der Blumenkohl weich ist.

8. Zum Schluss Bohnen und Grünkohl hinzufügen – 2 Minuten kochen lassen.

9. Heiß servieren.

Nährwert-Information:Kalorien 192 Kcal Proteine: 12,6 g Kohlenhydrate: 24,6 g Fette: 6,4 g

Portionen Zitronen-Knoblauch-Garnelen: 4

Kochzeit: 15 Minuten

Zutaten:

1 ¼ Pfund Garnelen, gekocht oder gedünstet

3 Esslöffel Knoblauch, gehackt

¼ Tasse Zitronensaft

2 EL Olivenöl

¼ Tasse Petersilie

Anweisungen:

1. Nehmen Sie eine kleine Pfanne und stellen Sie sie auf mittlere Hitze, geben Sie Knoblauch und Öl hinzu und kochen Sie es unter Rühren 1 Minute lang.

2. Petersilie und Zitronensaft hinzufügen und entsprechend mit Salz und Pfeffer würzen.

3. Geben Sie die Garnelen in eine große Schüssel und gießen Sie die Mischung aus der Pfanne über die Garnelen.

4. Abkühlen lassen und servieren.

Nährwert-Information: Kalorien: 130 Fett: 3 g Kohlenhydrate: 2 g Protein: 22 g

Zutaten für Blt-Frühlingsrollen:

frischer Salat, in Stücke gerissen oder gehackt

Avocadoscheiben, optional

SESAM-SOJA-DIP

1/4 Tasse Sojasauce

1/4 Tasse kaltes Wasser

1 Esslöffel Mayonnaise (optional, es macht das Getränk samtig)

1 Teelöffel frischer Limettensaft

1 Teelöffel Sesamöl

1 Teelöffel Sriracha-Sauce oder eine beliebige scharfe Sauce (optional)Anweisungen:

1. mittelgroße Tomate (entkernt und 0,6 cm dick geschnitten) 2. Stücke Speck, gekocht

3. Frisches Basilikum, Minze oder verschiedene Kräuter

4. Reispapier

Rinderbrust mit Blauschimmelkäse, Portionen: 6

Kochzeit: 8 Stunden. 10 Minuten

Zutaten:

1 Tasse Wasser

1/2 EL Knoblauchpaste

1/4 Tasse Sojasauce

1 ½ Pfund Corned-Beef-Brisket

1/3 Teelöffel gemahlener Koriander

1/4 Teelöffel Nelken, gehackt

1 Esslöffel Olivenöl

1 Schalotte, gehackt

2 Unzen Blauschimmelkäse, zerbröselt

Kochspray

Anweisungen:

1. Stellen Sie eine Pfanne auf mäßige Hitze und geben Sie Öl hinzu.

2. Die Schalotten dazugeben, umrühren und 5 Minuten kochen lassen.

3. Die Knoblauchpaste einrühren und 1 Minute kochen lassen.

4. Geben Sie es in einen mit Kochspray beschichteten Slow Cooker.

5. Legen Sie die Rinderbrust in die gleiche Pfanne und braten Sie sie auf beiden Seiten goldbraun.

6. Geben Sie das Rindfleisch mit den anderen Zutaten außer dem Käse in den Slow Cooker.

7. Deckel auflegen und 8 Stunden garen. bei schwacher Hitze.

8. Mit Käse garnieren und servieren.

<u>Nährwert-Information:</u>Kalorien 397, Protein 23,5 g, Fett 31,4 g, Kohlenhydrate 3,9 g, Ballaststoffe 0 g

Zutaten für kaltes Soba mit Misosauce:

6 Unzen Buchweizen-Soba-Nudeln

1/2 Tasse geraspelte Karotten

1 Tasse Edamame mit fester Kruste, aufgetaut 2 persische Gurken, gehackt

1 Tasse gehackter Koriander

1/4 Tasse Sesamkörner

2 EL dunkle Sesamkörner

Weiße Misosauce (ergibt 2 Tassen)

2/3 Tasse weißer Miso-Kleber

Saft von 2 mittelgroßen Zitronen

4 EL Reisessig

4 EL natives Olivenöl extra

4 Esslöffel gepresste Orange

2 EL frisch gemahlener Ingwer

2 EL Ahornsirup

Anweisungen:

1. Kochen Sie die Soba-Nudeln gemäß den Anweisungen auf der Packung (achten Sie darauf, dass sie nicht zu lange kochen, sonst werden sie klebrig und kleben zusammen). Gut abtropfen lassen und in eine große Schüssel umfüllen. 2. Fügen Sie die geraspelten Karotten, Edamame, Gurke, Koriander und Sesam hinzu

3. Verbinden Sie alle Befestigungselemente mit dem Wasserhahn, um die Bandage anzubringen. Mischen, bis eine glatte Masse entsteht

4. Gießen Sie die gewünschte Menge Soße über die Nudeln (wir haben etwa anderthalb Tassen verwendet).

Gebackene Büffelblumenkohlstücke, Portionen: 2

Kochzeit: 35 Minuten

Zutaten:

¼ Tasse Wasser

¼ Tasse Bananenmehl

Eine Prise Salz und Pfeffer

1 mittelgroßer Blumenkohl, in mundgerechte Stücke geschnitten, ½ Tasse scharfe Soße

2 EL Butter, geschmolzen

Blauschimmelkäse oder Ranch-Dressing (optional)

Anweisungen:

1. Den Ofen auf 200 °C (425 °F) vorheizen. In der Zwischenzeit eine Backform mit Folie auslegen.

2. In einer großen Rührschüssel Wasser, Mehl und eine Prise Salz und Pfeffer vermischen.

3. Gut vermischen, bis alles gut vermischt ist.

4. Blumenkohl hinzufügen; Zum Beschichten gründlich umrühren.

5. Geben Sie die Mischung in die Backform. 15 Minuten backen, dabei einmal wenden.

6. Während des Backens scharfe Soße und Butter in einer kleinen Schüssel vermischen.

7. Die Soße über den gekochten Blumenkohl gießen.

8. Den gebackenen Blumenkohl wieder in den Ofen schieben und weitere 20 Minuten backen

Protokoll.

9. Bei Bedarf sofort mit Ranch-Dressing servieren.

Nährwert-Information:Kalorien: 168 kcal Fett: 5,6 g Protein: 8,4 g Kohlenhydrate: 23,8 g Ballaststoffe: 2,8 g

Knoblauchhähnchenbacken mit Basilikum und Tomaten. Portionen: 4

Kochzeit: 30 Minuten

Zutaten:

½ mittelgelbe Zwiebel

2 EL Olivenöl

3 gehackte Knoblauchzehen

1 Tasse Basilikum (locker gehackt)

1,5 kg Hähnchenbrust ohne Knochen

14,5 Unzen italienische gehackte Tomaten

Salz Pfeffer

4 mittelgroße Zucchini (spiralförmig zu Nudeln geformt) 1 Esslöffel zerstoßener roter Pfeffer

2 EL Olivenöl

Anweisungen:

1. Zum schnellen Garen die Hähnchenteile in einer Pfanne anbraten. Die Hähnchenteile mit Salz, Pfeffer und Öl bestreuen und beide Seiten des Hähnchens gleichmäßig marinieren.

2. Die Hähnchenteile in einer großen heißen Pfanne von jeder Seite 2-3 Minuten braten.

3. In derselben Pfanne die Zwiebel anbraten, bis sie braun ist. Tomaten, Basilikumblätter und Knoblauch dazugeben.

4. 3 Minuten köcheln lassen und alle Gewürze und das Huhn in die Pfanne geben.

5. Servieren Sie es auf einem Teller mit leckeren Zoodles.

Nährwert-Information:Kalorien 44 Kohlenhydrate: 7 g Fett: 0 g Protein: 2 g

Cremige Kurkuma-Blumenkohl-Suppe, Portionen: 4

Kochzeit: 15 Minuten

Zutaten:

2 EL natives Olivenöl extra

1 Lauch, nur der weiße Teil, in dünne Scheiben geschnitten

3 Tassen Blumenkohlröschen

1 Knoblauchzehe, geschält

1 (1¼ Zoll) Stück frischer Ingwer, geschält und in Scheiben geschnitten, 1½ Teelöffel Kurkuma

½ TL Salz

¼ Teelöffel frisch gemahlener schwarzer Pfeffer

¼ TL gemahlener Kreuzkümmel

3 Tassen Gemüsebrühe

1 Tasse Vollfett: Kokosmilch

¼ Tasse fein gehackter frischer Koriander

Anweisungen:

1. Erhitzen Sie das Öl in einem großen Topf bei starker Hitze.

2. Den Lauch 3-4 Minuten anbraten.

3. Blumenkohl, Knoblauch, Ingwer, Kurkuma, Salz, Pfeffer und Kreuzkümmel hinzufügen und 1-2 Minuten köcheln lassen.

4. Mit der Brühe aufgießen und aufkochen.

5. 5 Minuten köcheln lassen.

6. Die Suppe mit einem Mixer glatt pürieren.

7. Kokosmilch und Koriander einrühren, erhitzen und servieren.

Nährwert-Information:Kalorien: 264 Gesamtfett: 23 g Gesamtkohlenhydrate: 12 g Zucker: 5 g Ballaststoffe: 4 g Protein: 7 g Natrium: 900 mg

Brauner Reis mit Pilzen, Grünkohl und Süßkartoffeln

Portionen: 4

Kochzeit: 50 Minuten

Zutaten:

¼ Tasse natives Olivenöl extra

4 Tassen grob gehackte Grünkohlblätter

2 Lauchstangen, nur die weißen Teile, in dünne Scheiben geschnitten

1 Tasse geschnittene Pilze

2 Knoblauchzehen, gehackt

2 Tassen geschälte Süßkartoffeln, in ½-Zoll-Würfel geschnitten, 1 Tasse brauner Reis

2 Tassen Gemüsebrühe

1 Teelöffel Salz

¼ Teelöffel frisch gemahlener schwarzer Pfeffer

¼ Tasse frisch gepresster Zitronensaft

2 Esslöffel fein gehackte frische glatte Petersilie

Anweisungen:

1. Erhitzen Sie das Öl bei starker Hitze.

2. Grünkohl, Lauch, Pilze und Knoblauch dazugeben und ca. 5 Minuten weich braten.

3. Süßkartoffel und Reis hinzufügen und etwa 3 Minuten braten.

4. Brühe, Salz und Pfeffer hinzufügen und aufkochen. Bei 30-40 Grad köcheln lassen

Protokoll.

5. Zitronensaft und Petersilie unterrühren und servieren.

<u>Nährwert-Information:</u> Kalorien 425 Fett: 15 g Gesamtkohlenhydrate: 65 g Zucker: 6 g Ballaststoffe: 6 g Protein: 11 g Natrium: 1045 mg

Gebackenes Tilapia-Rezept mit Pekannuss-Rosmarin

Portionen: 4

Kochzeit: 20 Minuten

Zutaten:

4 Tilapiafilets (je 4 Unzen)

½ Teelöffel brauner Zucker oder Kokospalmenzucker 2 Teelöffel frischer Rosmarin, gehackt

1/3 Tasse rohe Pekannüsse, gehackt

Eine Prise Cayennepfeffer

1 ½ TL Olivenöl

1 großes Eiweiß

1/8 Teelöffel Salz

1/3 Tasse Panko-Semmelbrösel, vorzugsweise Vollkorn<u>Anweisungen:</u>

1. Ofen auf 350F vorheizen.

2. In einer kleinen Auflaufform die Pekannüsse mit Semmelbröseln, Kokosblütenzucker, Rosmarin, Cayennepfeffer und Salz vermischen. Olivenöl hinzufügen; werfen

3. 7-8 Minuten backen, bis die Mischung leicht goldbraun wird.

4. Stellen Sie die Hitze auf 400 F ein und bestreichen Sie eine große Glasbackform mit Kochspray.

5. Das Eiweiß in einer flachen Schüssel schlagen. Arbeiten Sie in Chargen; Tauchen Sie den Fisch (einen Tilapia nach dem anderen) in das Eiweiß und bestreichen Sie ihn dann leicht mit der Pekannussmischung. Die panierten Filets in die Auflaufform legen.

6. Drücken Sie die restliche Pekannussmischung auf die Tilapiafilets.

7. 8–10 Minuten backen. Sofort servieren und genießen.

Nährwert-Information:kcal 222 Fette: 10 g Ballaststoffe: 2 g Proteine: 27 g

Portionen Tortilla-Wrap mit schwarzen Bohnen: 2

Kochzeit: 0 Minuten

Zutaten:

¼ Tasse Mais

1 Handvoll frisches Basilikum

½ Tasse Rucola

1 Esslöffel Nährhefe

¼ Tasse schwarze Bohnen aus der Dose

1 Pfirsich, in Scheiben geschnitten

1 Teelöffel Limettensaft

2 glutenfreie Tortillas

Anweisungen:

1. Bohnen, Mais, Rucola und Pfirsiche auf zwei Tortillas verteilen.

2. Zu jeder Tortilla die Hälfte frischen Basilikums und Limettensaft hinzufügen Nährwert-Information: Gesamtkohlenhydrate: 44 g Ballaststoffe: 7 g Protein: 8 g Gesamtfett: 1 g Kalorien: 203

Weißes Bohnenhuhn mit Wintergrün

Portionen: 8

Kochzeit: 45 Minuten

Zutaten:

4 Knoblauchzehen

1 Esslöffel Olivenöl

3 mittelgroße Pastinaken

1 kg kleine Hähnchenwürfel

1 Teelöffel Kreuzkümmelpulver

2 Lecks und 1 Grünteil

2 Karotten (gewürfelt)

1 ¼ weiße Bohnen (über Nacht eingeweicht)

½ TL getrockneter Oregano

2 Teelöffel koscheres Salz

Koriander Blätter

1 1/2 EL gemahlene Ancho-Chilis

Anweisungen:

1. Knoblauch, Lauch, Hühnchen und Olivenöl in einem großen Topf bei mittlerer Hitze 5 Minuten kochen.

2. Geben Sie nun die Karotte und die Pastinake hinzu und fügen Sie nach 2 Minuten Rühren alle Gewürze hinzu.

3. Rühren, bis es duftet.

4. Geben Sie nun die Bohnen und 5 Tassen Wasser in den Topf.

5. Kochen lassen und die Flamme reduzieren.

6. Knapp 30 Minuten köcheln lassen und mit Petersilie und Korianderblättern garnieren.

Nährwert-Information:Kalorien 263 Kohlenhydrate: 24 g Fett: 7 g Protein: 26 g

Portionen Lachs mit Kräutern gekocht: 2

Kochzeit: 15 Minuten

Zutaten:

10 Unzen. Lachsfilet

1 Teelöffel. Olivenöl

1 Teelöffel. Liebling

1 Teelöffel. Estragon, frisch

1/8 TL. Salz

2 TL. dijon Senf

¼ TL. Thymian, getrocknet

¼ TL. Oregano, getrocknet

Anweisungen:

1. Den Ofen auf 200 °C vorheizen.

2. Anschließend alle Zutaten außer dem Lachs in einer mittelgroßen Schüssel vermischen.

3. Diese Mischung nun gleichmäßig auf den Lachs löffeln.

4. Anschließend den Lachs mit der Hautseite nach unten auf ein mit Backpapier belegtes Backblech legen.

5. Zum Schluss 8 Minuten kochen lassen oder bis der Fisch in Flocken zerfällt.

Nährwert-Information: Kalorien: 239 Kcal Proteine: 31 g Kohlenhydrate: 3 g Fette: 11 g

Griechischer Joghurt-Hühnersalat

Zutaten:

Gehacktes Hähnchen

Grüner Apfel

rote Zwiebel

Sellerie

Getrocknete Cranberries

Anweisungen:

1. Griechisches Joghurt-Hähnchen mit gemischtem Gemüse ist ein außergewöhnliches Mittagessen zur Abendessenvorbereitung. Sie können daraus ein hausgemachtes Rührei machen und genau das essen oder es in einen Super-Kochraum mit mehr Gemüse, Chips und mehr packen. Hier finden Sie einige Serviervorschläge.

2. Ein bisschen auf Toast

3. Tortillas mit Salat

4. Mit Chips oder Salz

5. Etwas Eisbergsalat (eine kohlenhydratarme Option!)

Zerkleinerter Kichererbsensalat

Zutaten:

1 Avocado

1/2 eine knackige Zitrone

1 Dose Kichererbsen, abgetropft (19 oz.)

1/4 Tasse gehackte rote Zwiebel

2 Tassen Traubentomaten, gehackt

2 Tassen gewürfelte Gurke

1/2 Tasse frische Petersilie

3/4 Tasse gehackte grüne Paprika

Sich anziehen

1/4 Tasse Olivenöl

2 EL Rotweinessig

1/2 Teelöffel Kreuzkümmel

Salz und Pfeffer

Anweisungen:

1. Die Avocado in dreidimensionale Quadrate schneiden und in eine Schüssel geben. Drücken Sie den Saft einer halben Zitrone über die Avocado und schwenken Sie sie vorsichtig, um sie zu verschließen.

2. Den restlichen Teil der gemischten grünen Zutaten hinzufügen und vorsichtig vermengen.

3. Vor dem Servieren auf jeden Fall eine Stunde im Kühlschrank aufbewahren.

Portionen Valencia-Salat: 10

Kochzeit: 0 Minuten

Zutaten:

1 Teelöffel. Kalamata-Oliven in Öl, entkernt, leicht abgetropft, halbiert, julienned

1 Kopf kleiner Römersalat, abgespült, schleudergetrocknet, in mundgerechte Stücke geschnitten

½ Stück, kleine Schalotte, julieniert

1 Teelöffel. dijon Senf

½ kleine Satsuma oder Mandarine, nur Fruchtfleisch

1 Teelöffel. Weißweinessig

1 Teelöffel. Natives Olivenöl extra

1 Prise frischer Thymian, gehackt

Eine Prise Meersalz

Eine Prise schwarzer Pfeffer nach Geschmack

Anweisungen:

1. Bei Verwendung Essig, Öl, frischen Thymian, Salz, Senf, schwarzen Pfeffer und Honig vermischen. Gut verrühren, bis die Soße leicht emulgiert ist.

2. Die restlichen Salatzutaten in eine Salatschüssel geben.

3. Beim Servieren Sauce darüber träufeln. Sofort mit 1 Scheibe zuckerfreiem Sauerteigbrot oder herzhaftem Brot servieren.

Nährwert-Information:Kalorien 238 Kohlenhydrate: 23 g Fett: 15 g Protein: 8 g

Suppenportionen „Iss dein Gemüse": 4

Kochzeit: 20 Minuten

Zutaten:

¼ Tasse natives Olivenöl extra

2 Lauchstangen, nur die weißen Teile, in dünne Scheiben geschnitten

1 Fenchelknolle, geschnitten und in dünne Scheiben geschnitten

1 Knoblauchzehe, geschält

1 Bund Mangold, grob gehackt

4 Tassen grob gehackter Grünkohl

4 Tassen grob gehacktes Senfgrün

3 Tassen Gemüsebrühe

2 Esslöffel Apfelessig

1 Teelöffel Salz

¼ Teelöffel frisch gemahlener schwarzer Pfeffer

¼ Tasse gehackte Cashewnüsse (optional)

Anweisungen:

1. Erhitzen Sie das Öl in einem großen Topf bei starker Hitze.

2. Lauch, Fenchel und Knoblauch dazugeben und etwa 5 Minuten anbraten, bis sie weich sind.

3. Mangold, Grünkohl und Senfgrün dazugeben und anbraten, bis das Grün zusammengefallen ist (2-3 Minuten).

4. Brühe dazugeben und aufkochen.

5. 5 Minuten köcheln lassen.

6. Essig, Salz, Pfeffer und Cashewnüsse (falls verwendet) einrühren.

7. Die Suppe mit einem Stabmixer glatt pürieren und servieren.

Nährwert-Information:Kalorien: 238 Gesamtfett: 14 g Gesamtkohlenhydrate: 22 g Zucker: 4 g Ballaststoffe: 6 g Protein: 9 g Natrium: 1294 mg

Portionen Miso-Lachs und grüne Bohnen: 4

Kochzeit: 25 Minuten

Zutaten:

1 EL Sesamöl

1 Pfund grüne Bohnen, geputzt

1 Pfund Lachsfilet mit Haut, 4 Pastetchen schneiden ¼ Tasse weißes Miso

2 TL glutenfreie Tamari- oder Sojasauce 2 Frühlingszwiebeln, in dünne Scheiben geschnitten

Anweisungen:

1. Ofen auf 400 °F vorheizen. Fetten Sie das Backblech mit Öl ein.

2. Legen Sie die grünen Bohnen auf die grünen Bohnen, dann den Lachs und bestreichen Sie jedes Stück mit Miso.

3. 20-25 Minuten rösten.

4. Über die Tamari träufeln, mit Frühlingszwiebeln bestreuen und servieren.

Nährwert-Information:Kalorien: 213 Gesamtfett: 7 g Gesamtkohlenhydrate: 13 g Zucker: 3 g Ballaststoffe: 5 g Protein: 27 g Natrium: 989 mg

Portionen Lauch-, Hühner- und Spinatsuppe: 4

Kochzeit: 15 Minuten

Zutaten:

3 Esslöffel ungesalzene Butter

2 Lauchstangen, nur die weißen Teile, in dünne Scheiben geschnitten

4 Tassen Babyspinat

4 Tassen Hühnerbrühe

1 Teelöffel Salz

¼ Teelöffel frisch gemahlener schwarzer Pfeffer

2 Tassen zerkleinertes gekochtes Hühnchen

1 Esslöffel dünn geschnittener frischer Schnittlauch

2 Teelöffel geriebene oder gehackte Zitronenschale

Anweisungen:

1. Die Butter in einem großen Topf bei starker Hitze schmelzen.

2. Den Lauch hinzufügen und braten, bis er weich ist und anfängt zu bräunen, 3

bis zu 5 Minuten.

3. Spinat, Brühe, Salz und Pfeffer hinzufügen und kochen.

4. 1-2 Minuten köcheln lassen.

5. Legen Sie das Huhn hinein und kochen Sie es 1-2 Minuten lang.

6. Mit Schnittlauch und Zitronenschale bestreuen und servieren.

<u>Nährwert-Information:</u>Kalorien: 256 Gesamtfett: 12 g

Gesamtkohlenhydrate: 9 g Zucker: 3 g Ballaststoffe: 2 g Protein: 27 g

Natrium: 1483 mg

Portionen dunkle Schokoladenbomben: 24

Kochzeit: 5 Minuten

Zutaten:

1 Tasse Sahne

1 Tasse weicher Frischkäse

1 Teelöffel Vanilleessenz

1/2 Tasse dunkle Schokolade

2 Unzen Stevia

Anweisungen:

1. Schmelzen Sie die Schokolade in einer Schüssel, indem Sie sie in der Mikrowelle erhitzen.

2. Die restlichen Zutaten in einem Mixer schaumig schlagen und dann die geschmolzene Schokolade untermischen.

3. Gut vermischen und die Mischung dann auf einem mit Muffinförmchen ausgelegten Muffinblech verteilen.

4. Für 3 Stunden in den Kühlschrank stellen.

5. Servieren.

Nährwert-Information: Kalorien 97 Fett 5 g, Kohlenhydrate 1 g, Protein 1 g, Ballaststoffe 0 g

Portionen italienischer gefüllter Paprika: 6

Kochzeit: 40 Minuten

Zutaten:

1 Teelöffel Knoblauchpulver

1/2 Tasse Mozzarella, gerieben

1 Pfund mageres Hackfleisch

1/2 Tasse Parmesankäse

3 Paprika, der Länge nach halbiert, Stiele, Kerne und Rippen entfernt

1 (10 Unzen) Packung gefrorener Spinat

2 Tassen Marinara-Sauce

1/2 Teelöffel Salz

1 Teelöffel italienisches Gewürz

Anweisungen:

1. Ein mit Folie ausgelegtes Backblech mit Antihaftspray bestreichen. Legen Sie die Paprika in die Backform.

2. Geben Sie den Truthahn in eine beschichtete Pfanne und kochen Sie ihn bei mittlerer Hitze, bis er nicht mehr rosa ist.

3. Wenn es fast fertig ist, 2 Tassen Marinara-Sauce und Gewürze hinzufügen – etwa 8–10 Minuten kochen lassen.

4. Den Spinat zusammen mit 1/2 Tasse Parmesan hinzufügen. Rühren, bis alles gut vermischt ist.

5. Geben Sie auf jede Paprika eine halbe Tasse der Fleischmischung und verteilen Sie den Käse darauf. – Heizen Sie den Ofen auf 200 °C vor.

6. Das Paprikapulver etwa 25–30 Minuten backen. Abkühlen lassen und servieren.

<u>Nährwert-Information:</u>150 Kalorien, 2 g Fett, 11 g Kohlenhydrate, insgesamt 20 g Protein

Portionen geräucherte Forelle im Salatmantel:

4

Kochzeit: 45 Minuten

Zutaten:

¼ Tasse Bratkartoffeln mit Salz

1 Tasse Traubentomaten

½ Tasse Basilikumblätter

16 kleine und mittelgroße Salatblätter

1/3 Tasse asiatische süße Chilis

2 Karotten

1/3 Tasse Schalotten (in dünne Scheiben geschnitten)

¼ Tasse dünn geschnittene Jalapenos

1 EL Zucker

2–4,5 oz geräucherte Forelle ohne Haut

2 EL frischer Limettensaft

1 Gurke

Anweisungen:

1. Karotte und Gurke in dünne Streifen schneiden.

2. Marinieren Sie dieses Gemüse 20 Minuten lang mit Zucker, Fischsauce, Limettensaft, Schalotten und Jalapeno.

3. Forellenstücke und andere Kräuter zu dieser Gemüsemischung hinzufügen und vermischen.

4. Lassen Sie das Wasser aus der Gemüse-Forellen-Mischung abtropfen und vermischen Sie es erneut.

5. Die Salatblätter auf einen Teller legen und den Forellensalat darauf legen.

6. Garnieren Sie diesen Salat mit Erdnüssen und Chilisauce.

<u>Nährwert-Information:</u>Kalorien 180 Kohlenhydrate: 0 g Fette: 12 g Proteine: 18 g

Zutaten für den Teufels-Eier-Salat:

12 riesige Eier

1/4 Tasse gehackte Frühlingszwiebel

1/2 Tasse gehackter Sellerie

1/2 Tasse gehackte rote Paprika

2 Esslöffel Dijon-Senf

1/3 Tasse Mayonnaise

1 Esslöffel Saft, Weißwein oder Sherryessig 1/4 Teelöffel Tabasco oder andere scharfe Soße (je nach Geschmack) 1/2 Teelöffel Paprika (je nach Geschmack) 1/2 Teelöffel schwarzer Pfeffer (je nach Geschmack) 1/4 Teelöffel Salz (mehr nach Geschmack)

Anweisungen:

1. Starkes Erhitzen von Eiern. Die einfachste Methode, hartgekochte Eier zuzubereiten, die alles andere als schwer zu knacken sind, besteht darin, sie zu dämpfen.

Füllen Sie die Pfanne 2,5 cm mit Wasser und fügen Sie einen Scheffel Dampf hinzu. (Wenn Sie keinen Dampfgarer haben, ist das kein Problem.) 2. Bringen Sie das Wasser zum Kochen und legen Sie die Eier vorsichtig in den Dampfgarer oder direkt in die Pfanne. Brechen Sie den Topf auf. Stellen Sie die Uhr auf 15 Minuten ein. Eier ausleeren und zum Abkühlen in kaltes Virenwasser legen.

3. Eier und Gemüse vorbereiten: Die Eier grob hacken und in eine große Schüssel geben. Frühlingszwiebel, Sellerie und rote Paprika hinzufügen.

4. Bereiten Sie einen Teller mit gemischtem Gemüse vor: Mischen Sie Mayonnaise, Senf, Essig und Tabasco in einer kleinen Schüssel. Die Mayonnaise vorsichtig mit den Eiern und dem Gemüse in einer Schüssel vermischen. Paprika, Salz und schwarzen Pfeffer hinzufügen. Ändern Sie die Gewürze nach Ihrem Geschmack.

Gebackenes Sesam-Tamari-Hähnchen mit grünen Bohnen

Portionen: 4

Kochzeit: 45 Minuten

Zutaten:

1 Pfund grüne Bohnen, geputzt

4 Hähnchenbrustfilets mit Knochen und Haut

2 Esslöffel Honig

1 EL Sesamöl

1 Esslöffel glutenfreie Tamari- oder Sojasauce 1 cl Hühner- oder Gemüsebrühe

Anweisungen:

1. Ofen auf 400 °F vorheizen.

2. Verteilen Sie die grünen Bohnen auf einem großen Backblech mit Rand.

3. Legen Sie das Hähnchen mit der Hautseite nach oben auf die Bohnen.

4. Mit Honig, Öl und Tamari beträufeln. Brühe hinzufügen.

5. 35–40 Minuten rösten. Herausnehmen, 5 Minuten ruhen lassen und servieren.

Nährwert-Information:Kalorien: 378 Gesamtfett: 10 g
Gesamtkohlenhydrate: 19 g Zucker: 10 g Ballaststoffe: 4 g Protein: 54 g
Natrium: 336 mg

Portionen Ingwer-Hühnereintopf: 6

Kochzeit: 20 Minuten

Zutaten:

¼ Tasse Hähnchenschenkelfilets, gewürfelt

¼ Tasse gekochte Eiernudeln

1 reife Papaya, geschält, gewürfelt

1 Tasse natriumarme, fettarme Hühnerbrühe

1 Medaillon Ingwer, geschält, zerdrückt

eine Prise Zwiebelpulver

Mit Knoblauchpulver bestreuen und bei Bedarf mehr hinzufügen

1 Tasse Wasser

1 Teelöffel. Fischsoße

eine Prise weißer Pfeffer

1 Teil, kleines Vogelaugen-Chili, Hackfleisch

Anweisungen:

1. Stellen Sie die gesamte Vorrichtung bei starker Hitze in einen großen Schmortopf. Kochen.

Stellen Sie die Hitze auf die niedrigste Stufe. Setzen Sie den Deckel auf.

2. Lassen Sie den Eintopf 20 Minuten lang kochen oder bis die Papaya gabelweich ist.

Schalten Sie die Heizung aus. Essen Sie es pur oder mit einer halben Tasse gekochtem Reis. Warm servieren.

Nährwert-Information:Kalorien 273 Kohlenhydrate: 15 g Fett: 9 g Protein: 33 g

Zutaten für cremigen Garbano-Salat:

Ein Teller mit gemischtem Gemüse

2 14-Unzen-Dosen Kichererbsen

3/4 Tasse Karottenstreuer

3/4 Tasse kleine Selleriestreuer

3/4 Tasse Paprika Kleine Streuer

1 Frühlingszwiebel gehackt

Kleine Shaker mit 1/4 Tasse roten Zwiebeln

1/2 große Avocado

6 Unzen weicher Tofu

1 Esslöffel Apfelessig

1 Esslöffel Zitronensaft

1 EL Dijon-Senf

1 EL süßes Aroma

1/4 Teelöffel geräuchertes Paprikapulver

1/4 Teelöffel Selleriesamen

1/4 TL schwarzer Pfeffer

1/4 TL Senfpulver

Meersalz nach Geschmack

Sandwich-Fix'ns

Kultiviertes Vollkornbrot

Roma-Tomaten hacken

Den Salat verteilen

Anweisungen:

1. Karotten, Sellerie, Paprika, rote Zwiebeln und Frühlingszwiebeln vorbereiten, hacken und in eine kleine Rührschüssel geben. An einem sicheren Ort aufbewahren.

2. Avocado, Tofu, Apfelessig, Zitronensaft und Senf mit einem kleinen Stabmixer oder einer Küchenmaschine glatt rühren.

3. Die Kichererbsen abgießen, waschen und in eine mittelgroße Rührschüssel geben. Mit einem Kartoffelstampfer oder einer Gabel die Bohnen zerdrücken, bis sich die meisten davon getrennt haben, und nach den gemischten grünen Tellern beginnen, sie zu zerkleinern. Es muss nicht glatt, sondern raffiniert und robust sein. Die Bohnen mit einer Prise Salz und Pfeffer würzen.

4. Gehacktes Gemüse, Avocado-Tofu-Creme und restliche Gewürze dazugeben, würzen und gut vermischen. Probieren Sie es und passen Sie es je nach Lust und Laune an.

Karottennudeln mit Ingwer-Limetten-Erdnusssauce

Zutaten:

Für die Karottenpaste:

5 große Karotten, geschält und geschnitten oder in dünne Scheiben geschnittene 1/3 Tasse (50 g) gekochte Cashewnüsse

2 Esslöffel frischer Koriander, fein gehackt

Für die Ingwer-Erdnuss-Sauce:

2 Esslöffel nussreicher Aufstrich

4 Esslöffel normale Kokosmilch

Mit Cayennepfeffer bestreuen

2 große Knoblauchzehen, fein gehackt

1 Esslöffel frischer Ingwer, geschält und gemahlen 1 Esslöffel Limettensaft

Salz, nach Geschmack

Anweisungen:

1. Alle Zutaten für die Soße in einer kleinen Schüssel vermischen, bis sie glatt und reichhaltig ist, und beiseite stellen, um die Karotten in Julienne-/Spiralformen zu schneiden.

2. Die Karotten und die Soße vorsichtig in eine große Servierschüssel geben, bis sie gleichmäßig bedeckt sind. Mit gebratenen Cashewnüssen (oder Erdnüssen) und frisch gehacktem Koriander belegen.

Gebratenes Gemüse mit Süßkartoffeln und weißen Bohnen

Portionen: 4

Kochzeit: 25 Minuten

Zutaten:

2 kleine Süßkartoffeln, gewürfelt

½ rote Zwiebel, in ¼-Zoll-Würfel geschnitten

1 mittelgroße Karotte, geschält und in dünne Scheiben geschnitten

4 Unzen geschnittene grüne Bohnen

¼ Tasse natives Olivenöl extra

1 Teelöffel Salz

¼ Teelöffel frisch gemahlener schwarzer Pfeffer

1 (15½ oz.) Dose weiße Bohnen, abgetropft und abgespült 1 Esslöffel gehackte oder geriebene Zitronenschale

1 Esslöffel gehackter frischer Dill

Anweisungen:

1. Ofen auf 400 °F vorheizen.

2. Süßkartoffel, Zwiebel, Karotte, grüne Bohnen, Öl, Salz und Pfeffer auf einem großen Backblech mit Rand vermengen und gut vermengen. In einer einzigen Schicht verteilen.

3. 20–25 Minuten rösten, bis das Gemüse weich ist.

4. Weiße Bohnen, Zitronenschale und Dill dazugeben, gut vermischen und servieren.

Nährwert-Information:Kalorien 315 Gesamtfett: 13 g Gesamtkohlenhydrate: 42 g Zucker: 5 g Ballaststoffe: 13 g Protein: 10 g Natrium: 632 mg

Portionen Kohlsalat: 1

Kochzeit: 0 Minuten

Zutaten:

1 Tasse frischer Grünkohl

½ Tasse Blaubeeren

½ Tasse entkernte Kirschen, halbiert

¼ Tasse getrocknete Preiselbeeren

1 Esslöffel Sesamkörner

2 Esslöffel Olivenöl

Saft von 1 Zitrone

Anweisungen:

1. Olivenöl und Zitronensaft vermischen und dann den Grünkohl in die Sauce geben.

2. Die Grünkohlblätter in eine Salatschüssel geben und mit frischen Blaubeeren, Kirschen und Preiselbeeren belegen.

3. Sesamkörner darauf verteilen.

Nährwert-Information: Gesamtkohlenhydrate: 48 g, Ballaststoffe: 7 g, Protein: 6 g, Gesamtfett: 33 g, Kalorien: 477

Gekühlte Glasportionen mit Kokosnuss und Haselnuss: 1

Kochzeit: 0 Minuten

Zutaten:

½ Tasse Kokos-Mandelmilch

¼ Tasse Haselnüsse, gehackt

1 und ½ Tassen Wasser

1 Päckchen Stevia

Anweisungen:

1. Geben Sie die aufgeführten Zutaten in den Mixer

2. Mixen, bis eine glatte und cremige Konsistenz entsteht. 3. Gekühlt servieren und genießen!

Nährwert-Information:Kalorien: 457 Fett: 46 g Kohlenhydrate: 12 g Protein: 7 g

Kühle Portionen Kichererbsen und Spinatbohnen: 4

Kochzeit: 0 Minuten

Zutaten:

1 Esslöffel Olivenöl

½ Zwiebel, gehackt

10 Unzen Spinat, gehackt

12 Unzen Kichererbsenbohnen

½ TL Kreuzkümmel

Anweisungen:

1. Nehmen Sie eine Pfanne und geben Sie Olivenöl hinzu, lassen Sie es bei mittlerer bis niedriger Hitze erhitzen. 2. Fügen Sie Zwiebeln und Kichererbsen hinzu und kochen Sie es 5 Minuten lang. 3. Rühren Sie Spinat, Kreuzkümmel und Kichererbsen unter und würzen Sie es mit Salz. 4. Mit einem Löffel vorsichtig zerstoßen hoch

5. Alles gründlich kochen, bis es durchgeheizt ist. Genießen Sie es!

<u>Nährwert-Information:</u>Kalorien: 90 Fett: 4 g Kohlenhydrate: 11 g Protein: 4 g

Portionen Taroblätter in Kokossauce: 5

Kochzeit: 20 Minuten

Zutaten:

4 Tassen getrocknete Taroblätter

2 Dosen Kokoscreme, geteilt

¼ Tasse Schweinefleisch, 90 % mager

1 Teelöffel. Garnelenpaste

1 Vogelaugen-Chili, gehackt

Anweisungen:

1. Bis auf 1 Dose Kokoscreme alle Zutaten in einen Topf geben und bei mittlerer Hitze erhitzen. Solide Abdeckung. Ungestört 3-3,5 Stunden backen.

2. Bevor Sie den Herd ausschalten, füllen Sie die restliche Dose mit Kokoscreme auf. Mischen und servieren.

Nährwert-Information:Kalorien 264 Kohlenhydrate: 8 g Fett: 24 g Protein: 4 g

Portionen gerösteter Tofu und Gemüse: 4

Kochzeit: 20 Minuten

Zutaten:

3 Tassen Babyspinat oder Grünkohl

1 EL Sesamöl

1 EL Ingwer, gehackt

1 Knoblauchzehe, gehackt

1 Pfund fester Tofu, in 2,5 cm große Würfel geschnitten

1 EL glutenfreie Tamari- oder Sojasauce ¼ TL rote Paprikaflocken (optional)

1 Teelöffel Reisessig

2 Zwiebeln, in dünne Scheiben geschnitten

Anweisungen:

1. Ofen auf 400 °F vorheizen.

2. Spinat, Öl, Ingwer und Knoblauch in einer großen Auflaufform mit Rand vermischen.

3. 3 bis 5 Minuten kochen, bis der Spinat zusammengefallen ist.

4. Tofu, Tamari und rote Paprikaflocken (falls verwendet) hinzufügen und gut vermischen.

5. 10–15 Minuten backen, bis der Tofu anfängt zu bräunen.

6. Essig und Frühlingszwiebeln darübergießen und servieren.

<u>Nährwert-Information:</u>Kalorien: 121 Gesamtfett: 8 g Gesamtkohlenhydrate: 4 g Zucker: 1 g Ballaststoffe: 2 g Protein: 10 g Natrium: 258 mg

www.ingramcontent.com/pod-product-compliance
Lightning Source LLC
Chambersburg PA
CBHW071330110526
44591CB00010B/1089